CRIME.GOV

Jorge Pontes e Márcio Anselmo

Crime.gov
Quando corrupção e governo se misturam

1ª reimpressão

Copyright © 2019 by Jorge Pontes e Márcio Anselmo

Grafia atualizada segundo o Acordo Ortográfico da Língua Portuguesa de 1990, que entrou em vigor no Brasil em 2009.

Capa
Gustavo Soares

Imagens de miolo
Página 224: Editoria de arte/Folhapress
Página 262: Acervo pessoal do autor
Página 263: Geraldo Bulniak/Estadão

Preparação
Fernanda Villa Nova

Revisão
Carmen T. S. Costa
Clara Diament

Dados Internacionais de Catalogação na Publicação (CIP)
(Câmara Brasileira do Livro, SP, Brasil)

> Pontes, Jorge
> Crime.gov : quando corrupção e governo se misturam / Jorge Pontes e Márcio Anselmo. – 1ª ed. – Rio de Janeiro : Objetiva, 2019.
>
> Bibliografia.
> ISBN 978-85-470-0076-9
>
> 1. Brasil – Política e governo 2. Corrupção na política – Brasil 3. Investigação criminal – Brasil 4. Práticas corruptas – Brasil – História I. Anselmo, Márcio. II. Título.

19-23596   CDD-364.13230981

Índice para catálogo sistemático:
1. Brasil : Corrupção política : Problemas sociais
    364.13230981

Maria Alice Ferreira – Bibliotecária – CRB-8/7964

[2019]
Todos os direitos desta edição reservados à
EDITORA SCHWARCZ S.A.
Praça Floriano, 19, sala 3001 — Cinelândia
20031-050 — Rio de Janeiro — RJ
Telefone: (21) 3993-7510
www.companhiadasletras.com.br
www.blogdacompanhia.com.br
facebook.com/editoraobjetiva
instagram.com/editora_objetiva
twitter.com/edobjetiva

Para Lilibeth, minha inspiração
Jorge Pontes

Às minhas avós, Carmela (in memoriam)
e Orlanda (in memoriam)
Márcio Alselmo

Sumário

Prefácio: A naturalização das coisas erradas — Luís Roberto Barroso 9

1. A prisão de Marcelo Odebrecht 19
2. Do tráfico de drogas aos crimes ambientais 34
3. O embrião da Lava Jato 54
4. Os diferentes focos da Polícia Federal 71
5. Do crime organizado ao institucionalizado 83
6. Um dia incomum: a investigação sobre Lula 112
7. Capitalismo à brasileira 124
8. Joias, bicheiros e cheques frios — os desmandos estaduais 146
9. Os obstáculos ao trabalho da Polícia Federal 167
10. As indicações políticas 202
11. O atual papel da Polícia Federal 212
12. Proposições para o futuro 229

Posfácio: A história de um avião.. 237
Agradecimentos 241
Notas 247
Sobre os autores... 262

A naturalização das coisas erradas
O difícil desmonte do crime institucionalizado no Brasil

Luís Roberto Barroso

O livro que tenho o prazer de prefaciar foi escrito por delegados da Polícia Federal responsáveis por operações que mudaram a realidade brasileira no combate à corrupção. Ao concluir a leitura, o leitor terá tomado um banho de história recente do Brasil, e sairá com uma sensação que combina desalento e esperança. Desalento pela incorreção atavicamente entranhada nas elites dirigentes brasileiras. E esperança porque, quando se colocam as pessoas certas no lugar certo, o país se liberta de muitos dos estigmas do passado e avança na direção do destino que lhe cabe. A sensação de sermos cronicamente conduzidos pelos piores cede lugar à crença de que há bons em toda parte, e que tudo é uma questão de conseguirem prevalecer.

Jorge Pontes, carioca do Jardim Botânico, ingressou na PF no fim da década de 1990, iniciando sua atuação no combate ao tráfico de drogas na Amazônia. Ainda como agente, formou-se na academia do FBI, em Quantico, e especializou-se em justiça criminal pela Universidade de Virgínia. Como delegado, exerceu, entre outras funções, os cargos de superintendente em Pernambuco, de chefe da PF brasileira em Paris e de chefe da

Interpol no Brasil. Foi ainda — e isso lhe é motivo de particular (e justificado) orgulho — o principal responsável pela instalação de delegacias especializadas na repressão aos crimes contra o meio ambiente no país.

Márcio Anselmo, paranaense de Cambé, ingressou na PF no início dos anos 2000, e atuou na repressão ao tráfico de drogas, próximo à fronteira com o Paraguai. Dedicado à formação acadêmica, obteve o título de mestre em direito internacional econômico pela Universidade Católica de Brasília e de doutor em direito internacional pela faculdade de direito da Universidade de São Paulo. Foi um dos principais respónsáveis pela Operação Lava Jato, que desvelou o maior esquema de corrupção institucionalizada já visto no mundo.

Jorge e Márcio fazem parte, apesar da diferença de idade, de uma mesma geração de policiais federais vocacionados e extremamente preparados tecnicamente, que estão promovendo uma revolução duradoura no país. As histórias contadas neste livro são testemunho vivo de que o setor público não está necessariamente ligado a filas, atrasos, burocracia e ineficiência. E de que, com trabalho sério e persistência, é possível, mesmo dentro de estruturas públicas engessadas e burocráticas, promover significativas mudanças para um país melhor.

A CORRUPÇÃO NO BRASIL ATUAL

A corrupção no Brasil não foi produto de falhas individuais ou pequenas fraquezas humanas. O que se viu foi uma corrupção estrutural e sistêmica, com um espantoso arco de alianças que incluiu empresas privadas, estatais, empresários, servidores públicos, partidos políticos (de todas as cores), membros do Executivo e do Legislativo. Foram esquemas profissionais de arrecadação e de distribuição de dinheiro público desviado. Como tenho dito, é impossível não sentir vergonha do que aconteceu entre nós. Esses esquemas se transformaram no modo natural de se fazer política e negócios no país. A corrupção generalizada, no topo da pirâmide política, foi produto de um *pacto oligárquico* celebrado por parte da classe política, parte da classe empresarial e parte da burocracia estatal para saque do Estado e, em última análise, da sociedade e do povo. O Estado brasileiro é um Estado apropriado privadamente.

Nos últimos tempos, houve uma expressiva reação da sociedade, que despertou de longa letargia. Aonde se vai no Brasil hoje se vê uma imensa demanda por integridade, por idealismo e por patriotismo. E essa é a energia que muda paradigmas e empurra a história. A reação da sociedade impulsionou importantes mudanças de atitude que alcançaram as instituições, a legislação e a jurisprudência. Merecem destaque a possibilidade de execução da pena após condenação em segundo grau, o fim do modelo mafioso de financiamento eleitoral por empresas que vigorava entre nós e a restrição drástica ao foro privilegiado. Todos esses avanços tiveram opositores radicais. Nós não somos atrasados por acaso. Somos atrasados porque o atraso é bem defendido.

É um equívoco supor que a corrupção não é um crime violento. Corrupção mata. Mata na fila do SUS, na falta de leitos, na falta de medicamentos. Mata nas estradas que não têm manutenção adequada. A corrupção destrói vidas que não são educadas adequadamente, em razão da ausência de escolas, deficiências de estruturas e equipamentos. O fato de o corrupto não ver nos olhos as vítimas que provoca não o torna menos perigoso. A crença de que a corrupção não é um crime grave criou um ambiente geral de leniência e de impunidade que nos trouxe até aqui, a esse quadro sombrio em que recessão, corrupção e criminalidade elevadíssima nos atrasam na história, nos retêm como um país de renda média, que não consegue furar o cerco.

As consequências da impunidade são um país no qual (1) altos dirigentes ajustam propinas dentro dos palácios de onde deveriam governar com probidade; (2) governadores transformam a sede de governo em centros de arrecadação e distribuição de dinheiro desviado; (3) parlamentares cobram vantagens indevidas para aprovarem desonerações; (4) membros de comissões parlamentares de inquérito achacam pessoas e empresas para não as submeterem a constrangimentos e humilhações públicas; (5) dirigentes de instituições financeiras públicas cobram para si percentuais dos empréstimos que liberam; (6) dirigentes de fundos de pensão de empresas estatais fazem investimentos ruinosos para os seus beneficiários em troca de vantagens indevidas.

O enfrentamento à corrupção não precisa de punitivismo ou de vingadores mascarados. Nem Robespierre nem Savonarola. Basta aplicar a lei com seriedade, sem o compadrio tradicional da formação nacional, que acredita que alguns estão fora e acima da lei. Mas é preciso derrotar os parceiros dissimulados da corrupção, que se ocultam por trás de um estranho fenômeno: o *garantismo à brasileira*. Em outras partes do mundo, garantismo significa direito de defesa, devido processo legal, julgamento justo e, em alguns lugares — mas não todos —, direito a recurso para o segundo grau de jurisdição.

Entre nós, todavia, há os que sustentam uma versão distorcida de garantismo, significando direito adquirido à impunidade, com um processo penal que não funcione, não termine e que jamais alcance qualquer pessoa que ganhe mais do que alguns salários mínimos. Os *garantistas* tupiniquins prendem, sem piedade, jovens pobres e primários com qualquer quantidade de drogas, mas liberam, com discursos libertários e tonitruantes, corruptos que sequer devolveram o dinheiro desviado e mantêm suas contas clandestinas no exterior.

O Brasil ocupa a 105ª posição no Índice de Percepção da Corrupção da Transparência Internacional, no ano de 2018. Somos a quarta maior democracia do mundo, uma das dez maiores economias do planeta, mas estamos entre os piores em matéria de integridade governamental. Menos de 1% dos presos no sistema penitenciário lá estão por crimes de colarinho-branco. São números constrangedores. Porém, a sociedade brasileira já mudou, e nada será como antes. Estamos andando na direção certa, ainda que não na velocidade desejada. É trabalho para mais de uma geração, mas precisa começar em algum momento. A leitura do livro de Jorge Pontes e Márcio Anselmo não deixa dúvidas: a hora é essa; o lugar é aqui.

O LIVRO

O livro *Crime.gov* serve como um didático curso intensivo sobre o funcionamento da criminalidade política no Brasil. A descrição de como se dá o ciclo vicioso de perpetuação no poder para a extração de benefícios privados é vívida. Por meio de fraude de licitações ou de superfaturamento de contratos com as empresas financiadoras de campanha, o dinheiro é desviado do erário e lubrifica a estrutura da corrupção: enriquece políticos, seus indicados nos gabinetes estatais e os próprios empresários; aumenta os lucros das empresas e refinancia as futuras campanhas políticas.

Diferenciando-a da já tradicional criminalidade do colarinho-branco, os autores denominam essa forma de criminalidade de "crime institucionalizado" — um sistema de fraudes variado, altamente lucrativo, que se entranha no núcleo do poder e nas estruturas públicas oficiais. São violações protagonizadas por pessoas investidas de autoridade formal, que se valem das prerrogativas de seus cargos não apenas para cometer os delitos, mas também para criar uma rede de proteção contra sua investigação e persecução penal. Diferentemente do modus operandi das organizações criminosas tradicionais, o crime institucionalizado não atua à margem da lei, mas "dentro dela".

Para demonstrar seus argumentos, os autores se valem da experiência acumulada em sua atuação concreta, mas não só. Respaldado por obras sociológicas de referência, mas desprovido do exagero de jargões jurídicos ou policiais, o livro é leve e agradável. Por meio de uma visão privilegiada das operações policiais, os autores traçam um quadro tristemente realista das articulações de poderosos, até recentemente intocáveis, para se manter ao largo da lei, como a realização de campanhas de contrainformação na mídia, a ingerência na indicação de delegados em postos-chave da PF, a utilização de "vazamentos institucionais" para conhecer de antemão as operações policiais, as tentativas de interromper investigações em curso e de influenciar juízes etc. Com percepção sofisticada e linguagem cortante, assinalam os autores:

> A noção de que a coisa pública, em vez de ser "de todos", é "de ninguém" traz implícita a lógica de que é menos grave se apropriar dela.

> São esquemas sem distinção ideológica, pois operam em governos de direita e de esquerda.

Ao contrário da organização criminosa "convencional", o crime institucionalizado não está atrelado a atividades escancaradamente ilegais, como o tráfico de drogas, de armas, a prostituição, o tráfico de pessoas ou o jogo ilegal. [...] Está entranhado, na verdade, na plataforma oficial. É uma atividade infinitamente mais lucrativa e segura do que qualquer negócio ilegal convencional.

Não escapou à crítica severa dos autores a parte de responsabilidade que cabe às instituições judiciais, que até pouco tempo consideravam a criminalidade de colarinho-branco, inclusive a corrupção, delitos de pouca gravidade. E, em relação aos tribunais superiores, não deixam de detectar como laços políticos, pessoais e de classe criam uma esfera de proteção para delinquentes bem-postos no mundo empresarial ou político. A situação começa aos poucos a se transformar, mas ainda não escapa do diagnóstico severo e dos temores manifestados pelos autores:

> O mais importante é evitar que as instâncias superiores da Justiça funcionem como a equipe de socorro das organizações político-empresariais que tanto sangraram os cofres públicos durante décadas. É essa a batalha que será travada ainda por muitos anos nos próprios tribunais. Se as últimas camadas da Justiça, como o STJ e o STF, estiverem mais comprometidas com a manutenção de poder dessas oligarquias do que com o país, o Brasil ainda corre o risco de ver por terra todo o esforço dos últimos anos.

Também no tema relativo às drogas, os autores enfrentam o senso comum e defendem uma imprescindível mudança de estratégia no tratamento da matéria. Com ousadia e eloquência, sem se renderem aos preconceitos que dominam esse debate, antecipam o que será óbvio no futuro:

Num debate que ganha cada vez mais espaço e importância na sociedade, por vários motivos, é importante retomar a discussão de uma paulatina descriminalização das drogas no Brasil. A guerra às substâncias entorpecentes, da forma como é realizada por nossa legislação antidrogas, tem se mostrado ineficaz, e resulta em diversos efeitos negativos: aprofunda a formação de guetos e redutos de violência em áreas de concentração populacional de baixa renda; potencializa a criminalidade de rua; gera dezenas de delitos de suporte, incluindo o tráfico de armas e a corrupção policial; sufoca o sistema penitenciário com dezenas de milhares de presos jovens, condenados por cometerem pequenos atos ilícitos previstos na lei. E, não menos importante, essa guerra desfoca a PF de sua mais relevante missão: combater com efetividade, e utilizando-se de todos os seus recursos, a grande corrupção.

Os autores não se contentam em desnudar a existência dos problemas que apontam, em áreas diversas. Assim é que, no capítulo final, propõem soluções concretas para o seu enfrentamento, que vão desde mecanismos mais eficientes de investigação, passando pela concessão de maior autonomia à PF, até alterações legislativas contra a impunidade. Alguém poderá divergir, pontualmente, de uma ou outra proposta, num mundo que é plural e comporta múltiplos pontos de observação, mas, no geral, Jorge Pontes e Márcio Anselmo estão do lado certo da história, defendendo suas ideias com talento e coragem.

ENCERRAMENTO

É boa hora de sair do caminho e deixar o leitor desfrutar do valioso livro que tem em mãos, um misto de depoimento, autobiografia e análise crítica acerca do que tem sido o enfrentamento de algumas modalidades de crime no Brasil, particularmente o crime institucionalizado. A simples existência dessa obra já é um sinal extremamente positivo de transformação e avanço civilizatório. A propósito, não deve passar despercebida aos leitores uma característica comum entre os autores. Ambos iniciaram suas carreiras atuando no combate às drogas, que continua a ser o principal foco da política de repressão penal brasileira,[1] mas cedo perceberam o péssimo custo-benefício dessa luta invencível. Entre mortos e feridos, na guerra às drogas não se salva ninguém.

Quando deixarmos de criminalizar usuários e de prender pequenos traficantes, regulamentarmos o uso de drogas menos perigosas e que possuem utilidade medicinal e utilizarmos atividades de inteligência e de interrupção do fluxo financeiro dos chefes do tráfico, faremos um uso muito mais produtivo dos recursos públicos. O aprimoramento da repressão ao tráfico de drogas, como defendem os autores, abriria mais espaço ao combate à corrupção política, ao desvio de verbas públicas, à lavagem de dinheiro e aos crimes ambientais. Agora que a dimensão da criminalidade institucionalizada veio à tona no Brasil, precisamos dedicar mais recursos e esforços para sua contenção e combate. Já é passada a hora de revermos nossas prioridades na persecução penal. Este livro é um passo importante na direção certa.

O Brasil vive um momento de refundação, impulsionado por uma sociedade que deixou de aceitar o inaceitável. Um processo complexo, acidentado e, por vezes, traumático de elevação da ética pública e da ética privada. É preciso empurrar a história, mas ter a humildade de reconhecer que ela tem o seu próprio tempo. E não desistir antes de cumprida a missão. Este livro se insere na dinâmica de amadurecimento e aprimoramento das instituições brasileiras. Uma contribuição valiosa para a construção de um país melhor e maior.

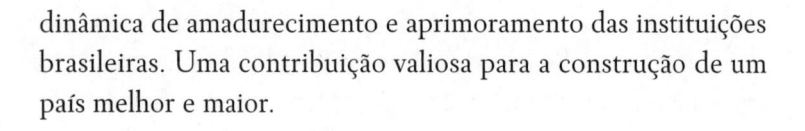

Luís Roberto Barroso é ministro do Supremo Tribunal Federal, professor titular da Universidade do Estado do Rio de Janeiro (Uerj) e senior fellow na Harvard Kennedy School.

1. A prisão de Marcelo Odebrecht

> *O que é isso? Que país é esse?*[1]
> Renato Duque, ex-diretor de Serviços da Petrobras, em conversa com seu advogado, ao ser preso pela Lava Jato em novembro de 2014

Márcio Anselmo: Estávamos há algumas horas cumprindo o mandado de busca e apreensão no escritório de Marcelo Odebrecht quando o agente Prado, companheiro de Polícia Federal que trabalhou comigo desde o início da Lava Jato, chamou minha atenção para um documento que havia encontrado:
— Chefe!
Não tive tempo de responder.
— Diga — antecipou-se o empresário.
A cena pode parecer corriqueira, uma simples confusão momentânea, mas para mim ficou evidente a familiaridade de Marcelo Odebrecht com a subserviência das pessoas a sua volta. Agia com arrogância mesmo enquanto era preso, como se estivesse diante de funcionários.

A prisão em 19 de junho de 2015 do dono da Odebrecht, a maior empreiteira do país, foi um marco na história da Operação Lava Jato. As investigações sobre a atuação de todas as grandes empreiteiras no esquema de corrupção ligado à Petrobras estavam avançadas, mas ainda precisávamos de provas do envolvimento da mais importante delas.

A situação criou desconfiança na opinião pública e logo começamos a sofrer pressão, pois ainda não tínhamos chegado justamente à Odebrecht. Por esse motivo, essa fase da Lava Jato foi batizada de "*Erga Omnes*" [A lei é para todos].

No entanto, apesar de toda pressão, tudo aconteceu no tempo certo, e no tempo das provas que conseguimos obter. Mesmo com o mandado de prisão de Marcelo expedido pela Justiça em nossas mãos, os preparativos da operação não foram simples.

Embora tivéssemos o endereço e o número de sua casa, precisávamos saber o local exato da operação, e era impossível identificar a casa sem entrar no condomínio. Passando-se por alguém interessado em comprar uma das mansões, um policial conseguiu entrar no condomínio com um corretor de imóveis, em um carro de luxo para manter o disfarce. Em uma conversa aparentemente despretensiosa, descobriu qual era a casa dos Odebrecht e de tantas outras famílias endinheiradas:

— Fulano mora naquela casa. Ali, a família tal... — apontava o corretor, na expectativa de angariar uma boa venda.

Aquele era um grande dia, e, como toda grande operação, gerava muita expectativa na equipe. Nas semanas que antecederam a prisão, tomamos todo o cuidado para que nenhuma informação vazasse. Tínhamos que manter sigilo absoluto até o último momento e evitar o risco de fuga ou até de ações judiciais preventivas. Mesmo na equipe eram poucos os investigadores que sabiam da prisão iminente de Marcelo Odebrecht.

A maioria dos agentes só soube de quem se tratava na manhã do mesmo dia, na porta do condomínio. Seguimos em três viaturas; uma delas blindada para o caso de termos que arrombar o portão, o que não foi preciso. Éramos ao todo nove policiais, mas apenas eu e o agente Prado tínhamos conhecimento do que se desenrolaria. Na viatura blindada fomos eu, Prado e outro policial como motorista. Às seis horas informamos à segurança do condomínio que iríamos cumprir o mandado. Sem qualquer resistência, minutos depois batemos à porta do "Príncipe" — como Marcelo era conhecido entre os maiores empreiteiros do país. Foi o próprio empresário quem abriu a porta da casa. Depois de um ano de Lava Jato, os executivos já sabiam quem era quem na nossa equipe. Marcelo me reconheceu, mas nosso contato foi o de costume nessas situações: mostrei o mandado de busca e pedi que nos acompanhasse. Minha primeira impressão foi a de que ele era uma pessoa fria. No entanto, ainda que se mostrasse impassível, parecia não acreditar no que estava acontecendo.

Naquela manhã, também foram presos outros quatro diretores da Odebrecht: Márcio Faria da Silva, Rogério Araújo, Cesar Rocha e Alexandrino de Salles Ramos de Alencar.

Nossa primeira atitude foi apreender os celulares, e no de Marcelo se concentrava toda a sua vida. Depois, durante a análise dos documentos e objetos apreendidos, descobrimos que tudo no celular dele era codificado. Levamos muito tempo até decifrar o conteúdo. Às vezes, para traduzir cinco linhas, demorávamos mais de duas semanas. Um policial — o agente Gabriel — passou mais de um ano dedicado a decifrar esses códigos. Marcelo criava códigos para absolutamente qualquer informação no celular, desde estratégias da empreiteira para corromper as instituições governamentais até lembretes para dar atenção às filhas.

Por volta das oito horas, chegou a advogada de Marcelo, Dora Cavalcanti, que já tinha conhecimento da ordem de prisão expedida para o cliente. Os advogados dele tinham um plano de contingência minuciosamente planejado. Quando as equipes iniciaram as incursões logo pela manhã, uma funcionária do jurídico da empresa ligou para vários "possíveis alvos" a fim de saber "se estava tudo bem". Também me chamou a atenção o fato de a esposa de Marcelo nos perguntar se a prisão dele seria a de cinco dias ou a "que dura para sempre". Àquela altura, todos já sabiam diferenciar a prisão temporária da preventiva. Apesar da aparente surpresa, de alguma forma eles sempre estiveram preparados para o momento.

Aquele foi um dos dias mais cansativos de toda a operação. Depois de longas horas na casa de Marcelo Odebrecht, o levamos para a Superintendência da Polícia Federal em São Paulo, de onde ele seguiria para Curitiba. Por volta das 11h30, Dora Cavalcanti chegou com quentinhas para Marcelo e os outros executivos.

No caminho para a superintendência, Marcelo estava atento aos detalhes. Enquanto esperava o avião para Curitiba, seus advogados entregaram a decisão do juiz Sérgio Moro que determinara sua prisão. Com o papel na mão, ele lia, riscava, criticando em voz alta, apontando supostos erros e já traçando uma linha de defesa. Como dezenas de outras decisões, aquela estava muito bem fundamentada pelas descobertas da investigação. Não foi à toa que as prisões de Marcelo Odebrecht e dos executivos foram mantidas por outras instâncias da Justiça.

Depois de cumprirem os mandados de prisão, as equipes seguiram para a sede da Odebrecht, às margens do rio Pinheiros, a fim de ajudar nas buscas que se desenrolaram durante todo o dia. A empresa fica em um prédio imponente, e fiquei admirado com a qualidade e a funcionalidade de suas instalações — algo impensável nos "elefantes brancos" construídos para abrigar os órgãos públicos, e possivelmente com um custo muito superior.

Cheguei à Odebrecht por volta do meio-dia, e era um verdadeiro caos. Um QG da operação havia sido montado em uma das salas da empresa e reunia todo o material apreendido. Cerca de vinte advogados da empresa acompanhavam as buscas e tentavam interpor todo tipo de obstáculo ao trabalho. Era um grupo grande, com advogados renomados como Dora Cavalcanti e Augusto Botelho, sucessores do ex-ministro da Justiça Márcio Thomaz Bastos, e outros que eu não conhecia.

Em vários momentos o clima "azedou" entre policiais e advogados, e o motivo era claro: "A gente é pago pra criar problema mesmo", diziam os advogados. Sem dúvida, a minha sensação era de que a Odebrecht tinha muito mais estrutura que a gente. A primeira equipe a chegar à sede era formada por mais ou menos quinze policiais, aos quais se juntaram outras equipes que concluíam suas missões. Em dado momento, percebemos que o notebook do Marcelo havia sumido, alguém havia retirado de sua sala. Questionamos os advogados e, após algum tempo, um notebook apareceu. Mas como saber se era de fato o computador do empresário?

A prisão de Marcelo Odebrecht e de alguns dos principais executivos de sua empreiteira foi um grande marco para a operação que estava desnudando os esquemas de corrupção do governo.

Mais tarde haveria outros, que escancararam definitivamente o grau de promiscuidade na relação da empresa com políticos e outros ocupantes de cargos públicos.

O segundo momento simbólico foi a prisão dos alvos da Operação Acarajé,* os marqueteiros João Santana e Mônica Moura, em fevereiro de 2016. Os dois formavam a dupla mais famosa do marketing político brasileiro, símbolo dos gastos sem-fim dos partidos nas campanhas eleitorais milionárias — com recursos originários dos desvios dos contratos de obras públicas com as grandes empreiteiras. A própria Odebrecht, conforme seus executivos e os próprios marqueteiros admitiram em depoimentos, pagou diretamente pelos serviços de João Santana na campanha vitoriosa da ex-presidente Dilma Rousseff — enquanto já se desenrolava a Lava Jato.

O terceiro episódio importante para desvelar e desestruturar o esquema criminoso na Odebrecht foi outra prisão da Operação Acarajé, que não chamou tanta atenção quanto a dos marqueteiros: a de Maria Lúcia Tavares, uma secretária com décadas de serviço na empreiteira, e que se tornaria a testemunha-chave para que se entendesse melhor como a empresa atuava.

A descoberta de Maria Lúcia foi feita pelo delegado Filipe Pace, que integrava o grupo da Lava Jato. Apesar de ser um dos mais novos da equipe, era um investigador nato, um verdadeiro "cão farejador". Foi Pace, inclusive, quem identificou a marqueteira Mônica Moura a partir de um bilhete manuscrito, despercebido pela equipe, mas que havia sido apreendido na casa do operador Zwi Skornicki. A descoberta desse bilhete foi o fio da meada para que a PF chegasse à dupla do marketing político nacional remunerada a peso de ouro.

---

* A Operação Acarajé representa a 23ª fase da Operação Lava Jato. O nome foi escolhido em referência ao termo usado em mensagens por funcionários da Odebrecht em alusão a "dinheiro vivo".

Para chegar a Maria Lúcia Tavares, Pace analisou as correspondências eletrônicas apreendidas de diretores da Odebrecht. Nos registros de um arquivo eletrônico, ele identificou as iniciais de quem havia gerado aquele documento de controle de pagamentos suspeitos. A partir daquelas iniciais (luciat), conseguiu identificar a ex-funcionária do "departamento da propina", como posteriormente ficou conhecido o Setor de Operações Estruturadas da empresa. A busca por provas na casa de Maria Lúcia, conduzida pela delegada federal Renata Rodrigues, foi um momento-chave da Operação Acarajé. Assim que um dos agentes encontrou um conjunto de planilhas com os codinomes e quantias pagas por Maria Lúcia, a equipe nos alertou sobre o aparecimento de provas importantes. Eram planilhas do Drousys, o sistema criado pela Odebrecht para comunicação interna do departamento responsável pelo pagamento de propinas.

Maria Lúcia foi presa temporariamente — por cinco dias — e negou qualquer irregularidade. Ela prestou depoimento negando que os "acarajés" descritos nos e-mails para outros diretores da empresa fossem um código para "dinheiro". Segundo ela, era de fato a comida baiana, acondicionada e enviada a diversas partes do país. Insistir nesse argumento era atentar contra a inteligência da equipe de investigação. Sua prisão temporária foi renovada, e foi então que ela decidiu falar. Maria Lúcia foi a primeira funcionária da Odebrecht a optar por um acordo de colaboração. Até então, a empreiteira negava qualquer crime e mantinha uma tática de confronto à Lava Jato. A decisão de Maria Lúcia foi pessoal, e não discutida com advogados da empresa. Àquela altura, Marcelo Odebrecht já estava preso havia quase um ano.

Com os depoimentos de Maria Lúcia, confirmou-se que a Odebrecht havia montado o Setor de Operações Estruturadas exclusivamente para controlar os repasses ocultos a políticos e doleiros. A secretária não tinha informações tão relevantes sobre os destinatários e a origem do dinheiro, mas foi de enorme ajuda para montar alguns quebra-cabeças. Por outro lado, as planilhas encontradas em sua residência apontavam um incontestável esquema de money delivery por todo o país. Ela detalhou, por exemplo, a rotina de repasses e entregas de dinheiro a uma centena de políticos de várias cidades do país.

Esse terceiro episódio foi o golpe que conseguiu desmontar o sistema da Odebrecht. As informações dadas por Maria Lúcia levaram à materialização de todos os indícios e mostraram que o esquema de propina articulado pela Odebrecht era mais sofisticado do que se imaginava. O "departamento da propina" era estruturado como qualquer outro. Tinha fluxo de pagamentos, diretor, organograma, sistema próprio de comunicação, ramais de telefone e banco de dados. Um diretor pedia a verba, outro liberava, e o setor pagava.

A Odebrecht era o exemplo perfeito de uma empresa criminosa com uma estrutura paralela montada para corromper, escancarando como a política era articulada e financiada no Brasil. A decisão da secretária de colaborar com as investigações selou sua demissão e culminou no quarto ponto crucial da história da Odebrecht na Lava Jato.

Com os documentos apreendidos na casa de Marcelo e os detalhes do depoimento de Maria Lúcia, deflagramos no dia 22 de março de 2016, exatamente um mês depois da Acarajé, a Operação Xepa. A Justiça Federal determinou a prisão de treze pessoas, entre elas o executivo Hilberto Mascarenhas Filho, que comandava o "departamento da propina".

É verdade que os principais executivos da empresa, entre eles Marcelo Odebrecht, já estavam presos, mas a Operação Xepa — a 26ª fase da Lava Jato — foi o xeque-mate na Odebrecht. Até então, a empresa negava todas as acusações e tentava de todas as formas desqualificar nosso trabalho, com recursos judiciais, tentativas de influenciar juízes e desembargadores e campanha na imprensa. Naquele dia, a Odebrecht jogou a toalha. As planilhas obtidas na casa de Maria Lúcia Tavares eram a prova incontestável de suas práticas ilícitas. Quando ela decidiu contar o que sabia, eles viram que não havia mais saída. Nesse mesmo dia, 22 de março, a empresa publicou uma longa nota:

> As avaliações e reflexões levadas a efeito por nossos acionistas e executivos levaram a Odebrecht a decidir por uma colaboração definitiva com as investigações da Operação Lava Jato. A empresa, que identificou a necessidade de implantar melhorias em suas práticas, vem mantendo contato com as autoridades com o objetivo de colaborar com as investigações, além da iniciativa de leniência já adotada em dezembro junto à Controladoria-Geral da União. Esperamos que os esclarecimentos da colaboração contribuam significativamente com a Justiça brasileira e com a construção de um Brasil melhor.[2]

Pela primeira vez, a companhia abandonou a tática de negar o que já estava provado e partiu para negociar com o Ministério Público Federal (MPF) uma colaboração que diminuísse as penas a que seus executivos estariam sujeitos, dadas a fartura e a consistência das provas.

Apesar da mudança de posicionamento da Odebrecht nas investigações, o pedido de desculpas e a confissão explícita dos crimes de corrupção só aconteceriam em dezembro de 2016, quando os termos do acordo de colaboração — apelidado pela imprensa de "delação do fim do mundo" — foram definidos.

O acordo de delação premiada de cerca de oitenta executivos da Odebrecht em troca de penas mais brandas foi um desfecho amargo da história. Desde o início, achei que a negociação no atacado e as vantagens oferecidas eram brutalmente desproporcionais ao que os executivos tinham a oferecer. E a PF nem mesmo participou das negociações dos acordos, pois tudo foi feito pelo MPF.

As delações premiadas geraram uma crise insuperável na relação da PF com o MPF. Eu e outros delegados que atuavam na Lava Jato éramos contra esses acordos porque sabíamos as provas que tínhamos e que, com elas, não precisávamos dos depoimentos de muitos envolvidos. Naquele momento, a Odebrecht e seus executivos já haviam sido alvos de quatro fases da Lava Jato — Juízo Final, *Erga Omnes*, Acarajé e Xepa —, mas as infindáveis provas conquistadas até ali foram sumariamente ignoradas na celebração do acordo.

O MPF não se interessou em saber o que a polícia já tinha obtido até o momento em que começou a negociar os acordos — tidos como a "grande cartada" do então procurador-geral da República, Rodrigo Janot. Eles acabaram pagando caro por um produto que, essencialmente, nós já tínhamos. Mesmo tendo descoberto o Setor de Operações Estruturadas graças a um trabalho de investigação, a PF foi impedida de participar da negociação a fim de assegurar o sigilo do caso, segundo Janot.[3]

No entanto, isso não impediu que, antes mesmo da homologação, a íntegra da colaboração de um dos executivos já estampasse o noticiário. A "delação do fim do mundo" causou muito estardalhaço, mas pouco ajudou nas investigações. Quase dois anos depois do acordo, sua contribuição ainda é pouco efetiva, e, em compensação, os empresários já estão em casa.

Apesar do desfecho lamentável, isso não diminui a importância do trabalho de investigação em uma empresa gigante de cujas práticas ilegais já se tinha conhecimento havia décadas. Tão conhecidas quanto os próprios nomes das maiores empreiteiras do país eram suas relações espúrias com o governo, mas esse envolvimento sempre foi muito difícil de ser provado. Por muitos anos, havia aqui e ali notícias de fraudes e do evidente cartel formado pelas empresas de construção civil, mas os empresários sempre conseguiram interpor barreiras a quem tentava furar sua proteção.

Com base em documentos recolhidos pela Polícia Federal na residência de um diretor da empresa Norberto Odebrecht, a CPI do Orçamento começou a desvendar um esquema de poder paralelo conduzido pelas empreiteiras. Uma holding formada por doze construtoras, comandada pela Odebrecht, garantia a divisão equitativa, entre as empreiteiras, das obras realizadas com recursos do Orçamento. As licitações eram fraudadas ou previamente acertadas.[4]

Apesar de a matéria acima nos remeter a episódios recentes, ela foi publicada em 1993. Passados 25 anos, as notícias pouco mudaram. A diferença é que, dessa vez, com a Lava Jato, a PF conseguiu provar e mostrar ao país o funcionamento do esquema de corrupção envolvendo as empreiteiras.

O CRIME INSTITUCIONALIZADO

Jorge Pontes e Márcio Anselmo: Se o sucesso da Lava Jato no combate à corrupção é um caso inédito no Brasil, o desnudamento da atuação da maior empresa do país é um caso ainda mais singular, não só do ponto de vista simbólico, mas também por outros fatores cruciais: a quantidade de provas obtidas; o prosseguimento das investigações, apesar dos obstáculos interpostos pelo establishment político, judiciário e empresarial; e a influência que a Odebrecht exercia no jogo de cartas marcadas na política e nos cartéis empresariais que controlavam os principais investimentos do governo brasileiro.

Foi com a operação que o país soube de fato o que acontecia por baixo dos panos. Mas, para quem tem a experiência de décadas no combate ao crime de colarinho-branco, foi possível ver mais do que a derrocada do maior esquema de corrupção da história brasileira.

Com trajetórias diferentes na PF tanto no período de ingresso na corporação quanto nas unidades pelas quais passamos como delegados, jamais trabalhamos na mesma equipe. Nos anos anteriores à Lava Jato, chegamos a trocar algumas palavras em um fórum de discussão pela internet — chamado "Diligências" — que reunia delegados federais de todo o Brasil. Naqueles debates, concordávamos em um ponto: nos prejuízos que a histórica prioridade ao combate ao narcotráfico acarretava à PF. A obsessão pela repressão ao tráfico de drogas desvirtua a PF de sua principal função: a perseguição aos grandes esquemas que corroem nossas instituições.

As descobertas da operação de Curitiba nos levaram a um diagnóstico sobre a realidade brasileira: a existência de uma nova espécie na nossa fauna criminal, que batizamos aqui de crime institucionalizado. Ao longo dos últimos anos, a cada nova descoberta da Lava Jato, a cada tentativa de obstrução do trabalho de quem avançava para desmontar as teias de corrupção em escalões cada vez mais altos da República, percebíamos como a operação tocava um organismo muito maior e mais complexo do que os crimes que estavam sendo investigados.

Quando olhamos retrospectivamente, vemos que em diversos momentos tivemos contato com o que hoje entendemos como crime institucionalizado. Nas tentativas dos poderosos de abafar investigações, nas descobertas de esquemas que transpassavam diferentes esferas de governo, a existência desse crime deixava pistas inequívocas.

No entanto, durante muito tempo diante das evidências, não enxergamos essa nova morfologia de crime. De tão gigantesco, não tínhamos distanciamento suficiente para vê-lo em toda a sua amplitude. Para conseguirmos ter uma visão do todo, era necessário que nos afastássemos.

Nós só conseguimos ter uma percepção desse fenômeno à medida que as situações surgiam ao longo de nossas carreiras. Demoramos a entender que o esquema, da maneira que se articulava, detinha o controle dos governos e avançava sobre setores do próprio Estado.

Esse sistema era como uma enorme baleia, que vem à tona, de tempos em tempos, de relance, ora trazendo à superfície uma pequena parte do seu enorme dorso, ora uma ponta de sua barbatana, ora um esguicho de vapor. Era possível perceber que havia algo escuro se movimentando na superfície, mas não dava para enxergar sua forma, sua largura e seu comprimento. Conseguíamos visualizar apenas partes do seu corpo, redemoinhos na água. Por esse motivo, passamos muito tempo sem conseguir ver suas dimensões. Na verdade, não sabíamos da existência da baleia.

Para dois policiais federais que sempre buscaram enfrentar o crime, não havia pesadelo maior do que a possibilidade de existir uma organização criminosa entranhada nos poderes da República, acima de tudo e de todos — dos nossos chefes e do nosso ministro da Justiça. Isso significaria que éramos apenas marionetes que jamais chegariam aonde os operadores da delinquência institucionalizada não permitissem.

Ter conhecimento desse grande esquema nos fazia acreditar que nada poderia garantir a conclusão dos nossos trabalhos e que nossos esforços estariam condenados a serem inglórios. A compreensão acerca dessa modalidade criminosa tem o poder de inibir e amedrontar policiais e juízes e, sobretudo, tirar suas forças.

Começamos a ter essa consciência em determinado ponto de nossas carreiras. Por termos acesso aos altos escalões do poder, pudemos vislumbrar a figura do crime institucionalizado — e como funcionava, como nos distraía, como tramava para sucatear propositadamente as instituições, como influenciava e se esparramava pelos mais altos estratos da oficialidade.

Ao longo dos anos, havíamos registrado em nossa memória todas as situações em que vimos alguma pequena parte da baleia na superfície e, juntando todos os "takes", conseguimos ter uma ideia de como era ela inteira. Todos os pedaços que guardamos conosco ao longo do tempo agora faziam sentido. Cada experiência e cada presságio se explicavam pela visão inteira do organismo. Poder denunciar e mostrar ao mundo a existência desse fenômeno foi um dos grandes momentos das nossas carreiras. Todas as evidências se confirmaram quando um grupo de mulheres e homens fez o que nunca tinha sido feito: ver, pela primeira vez, toda a dimensão dessa criatura, e trazê-la à tona.

Foi a Operação Lava Jato a responsável por desvelar o fenômeno que até então desconhecíamos. O crime institucionalizado, sobre o qual falaremos bastante neste livro, não tem o mesmo modus operandi das organizações criminosas tradicionais porque não está à margem da lei, mas sim funcionando "dentro dela".

Juntos, temos mais de trinta anos à frente de dezenas de investigações da PF, e foi isso que nos permitiu perceber que a corrupção estava impregnada nas instituições em que supostamente deveríamos confiar. E também nos permitiu entender que as partes que vinham à tona de forma isolada — a usurpação do

Legislativo pelo poder econômico, a deterioração do setor privado, as tentativas de obstruir a atividade policial pela influência do Judiciário — na verdade faziam parte de um mesmo "organismo". Muitas vezes, para encobrir a origem dos crimes de corrupção, tentavam frear a PF, por meio do vazamento ou sufocamento das investigações.

Este livro pretende não apenas diagnosticar a superestrutura criminal, mas também mostrar como, por que e por quem o combate à criminalidade institucionalizada segue ameaçado. Além disso, queremos ajudar a fortalecer o trabalho de quem se dispõe a enfrentá-la.

Para isso, vamos narrar nossa trajetória, desde nossos primeiros momentos como policiais federais até as investigações que chefiamos já como delegados, e que esbarraram nos muros de proteção do crime institucionalizado.

2. Do tráfico de drogas aos crimes ambientais

> *Nós criamos um direito penal perverso e seletivo, feito para prender menino pobre por cem gramas de maconha e que não consegue pegar quem desvia 10 milhões de reais.*[1]
> Luís Roberto Barroso, ministro do STF

Jorge Pontes: Em agosto de 1989, uma das duas lanchas Boston Whaler que o governo brasileiro ganhou da United States Coast Guard — a guarda costeira americana — cortava o rio Negro enfrentando a noite, o vento e a chuva. Eu era um dos doze agentes federais da superintendência do Amazonas que haviam completado, cerca de duas semanas antes, o curso de instrução em técnicas de polícia marítima, que incluía o manejo e a condução daquele tipo de embarcação.

O presente que recebemos dos Estados Unidos possuía bancos acolchoados, era todo de fibra de vidro, com linhas aerodinâmicas, e propulsado por dois motores Mercury de 300 cavalos de potência. Era uma competição desigual nas águas da floresta: poucos barcos tinham alguma chance de escapar do nosso alcance numa perseguição fluvial, muito comum naquela época.

Nenhum dos outros onze agentes diplomados comigo — todos mais experientes — foi encontrado, e então o delegado de plantão me convocou para pilotar a Boston Whaler na diligência marcada para aquela noite chuvosa.

A denúncia, trazida por um de nossos informantes, era de que um barco médio, de pesca, tinha sido carregado com grande quantidade de pasta base de cocaína, e que a droga seria desembarcada naquela madrugada em Manaus, para ser refinada e depois transportada para o Rio de Janeiro. A apreensão de drogas já era uma obsessão da PF nos anos 1980, principalmente num estado de fronteira.

Havia pouca visibilidade, e o Negro estava batido, com muitas toras de madeira e outros grandes objetos boiando. O calor embaçava as lentes dos meus óculos. Apesar da minha completa inexperiência em pilotar a lancha, o treinamento que havíamos feito me dava confiança, e eu sabia que logo teria que colocar em prática o que havia aprendido. Na verdade, os policiais federais normalmente anseiam por esse momento, mas eu não imaginava que seria tão cedo e numa situação tão adversa.

A Boston Whaler passava em alta velocidade por tocos e pedaços maiores de madeira, que eu só enxergava quando estavam a poucos metros do casco. O farol era potente, mas era apenas um, operado por um colega que tinha de fazer o foco de luz se multiplicar: iluminar ao mesmo tempo o caminho no rio e o horizonte, em busca do barco alvo daquela diligência fluvial.

Claro que era impossível fazer as duas coisas, e, quando o feixe de luz era deslocado para procurar embarcações menores à nossa vista, a lancha seguia às cegas pela escuridão. Eu era jovem, e achava que nada aconteceria comigo.

Tínhamos também um megafone que veio instalado na lancha e que usávamos para nos identificar e determinar o desligamento dos motores dos barcos que abordávamos. O agente mais antigo, com mais moral, era quem operava o megafone e fazia soar a voz metálica da PF, mandando parar e mandando seguir, invariavelmente sendo obedecido.

Meus companheiros naquela missão eram todos agentes do Serviço de Operações (SO), da notória e bem-afamada Delegacia de Repressão a Entorpecentes (DRE) da Superintendência Regional da Polícia Federal do Amazonas, conhecida por ser uma unidade extremamente ativa, vocacionada para as ações de rua. Os policiais daquela unidade especializada eram muito motivados e focados, respiravam a guerra às drogas dia e noite. Na época, a DRE era o grande foco da PF: a delegacia de agentes corajosos, que se sentiam heróis, e que teriam histórias para contar aos netos. Aquilo entranhava na pele do federal. A gente acreditava piamente que o traficante era o grande vilão, o maior inimigo a ser combatido.

Os dois primeiros barcos que paramos foram tiros n'água: estavam praticamente vazios e não havia drogas. Nunca me saiu da cabeça, no entanto, o que se passou com a terceira embarcação que abordamos. Era um barco de pesca relativamente grande, de apenas um andar, mas bem espaçoso. Nele havia um porão largo, com boa capacidade de armazenamento. Um homem de altura média conseguia ficar de pé sem necessidade de se curvar.

Quando abordamos a embarcação, quatro colegas entraram rapidamente e dois desceram ao porão. Havia em quase toda a extensão do barco uma lona azul grossa, que cobria o que seria a carga. A Boston Whaler já estava atracada e amarrada, e eu apenas observava o esforço que um dos agentes fazia para levantar a lona e desvelar a carga.

Não me lembro bem dos rostos nem do comportamento da tripulação daquele barco de pesca. Lembro, no entanto, que o agente que operava o farol lançou o canhão de luz sobre a lona. Era um momento de grande expectativa porque as chances de estarmos diante da droga denunciada eram grandes. Estávamos todos com arma em punho, prontos para dar voz de prisão em flagrante.

Foi nesse momento que ouvi a frase que nunca esqueceria:

— Não é nada, são só tartarugas!

Eram talvez mais de sessenta tartarugas de água doce, quase todas enormes, soltas, umas em cima das outras. Havia a mesma quantidade, talvez menos, no porão do barco.

Aquela equipe estava tão focada na missão de tirar do mercado algumas dezenas de quilos de pasta de coca que não fazia sentido distrair-se com um carregamento de tartarugas. Vendo o barco se afastar lentamente, fiquei me perguntando quantas fêmeas grávidas deveriam estar ali; que impacto aquilo traria não só para a espécie, mas também para o próprio ecossistema de onde teriam sido retiradas. Fiquei imaginando a que ponto aquelas centenas de tartarugas eram mais ou menos importantes para a população do que os cento e poucos quilos de pasta de coca ou mesmo do que cento e poucos videocassetes contrabandeados da Zona Franca de Manaus.

Foi a primeira vez, mas longe de ser a única nos quase trinta anos de carreira que ainda teria pela frente, que questionei o sentido do trabalho da PF como braço repressivo do Estado. Ali, naquele momento, começou a se formar uma suspeita que se cristalizou em certeza ao longo dos anos. Quando via o enorme desperdício de energia, de tempo e de mão de obra em operações de combate às drogas, muitas vezes atrás de pequenos traficantes, pensava que aquilo poderia ser não apenas um equívoco sobre o potencial da polícia mais bem preparada do país, mas talvez também uma distração proposital para que o poder de investigação não focasse nos verdadeiros inimigos da população.

Nós, a PF, somos intencionalmente distraídos para atividades que têm o intuito de desvirtuar nossa atenção de missões mais pertinentes, as quais, contudo, não interessam ao establishment criminoso que se assenhorou de algumas estruturas do Estado brasileiro. Aquela carga de tartarugas que seguiu incólume enquanto procurávamos a pasta base de cocaína é só uma pontinha da "boiada de crimes" que passa enquanto o boi de piranha da guerra às drogas é priorizado.

Naquela noite voltamos de mãos vazias, mas certamente grandes jantares foram servidos com aquelas dezenas de tartarugas, para deleite da elite anacrônica que comandava e ainda comanda o Amazonas.

Minha história na PF, porém, havia começado bem antes disso. Filho de uma família de classe média da zona sul do Rio, meu maior interesse era a ciência. Comecei o curso de biologia da Universidade Federal do Rio de Janeiro (UFRJ), mas não terminei. Depois, passei para direito na Universidade do Estado do Rio de Janeiro (Uerj), mas não cheguei a trabalhar como advogado e jamais tirei a carteira definitiva da Ordem. No quinto e último ano da faculdade, prestei concurso para agente da PF. Fui aprovado e fiz a academia em 1987. Em fevereiro do ano seguinte, fui selecionado para começar a trabalhar na superintendência do Amazonas.

A academia da PF (denominada Academia Nacional de Polícia, a ANP, uma das melhores da América Latina), por regra, dá ao agente formado uma noção de país, uma dose de patriotismo, contagiando o policial com um desejo de cuidar do Brasil. Isso é ainda mais estimulado nos que começam em áreas de fronteira, como era meu caso.

A missão mais arriscada da minha carreira e que me provocou mais medo foi durante uma investigação para atender a obsessão da PF no Amazonas: interceptar o tráfico de drogas. Meu orientador nesse trabalho foi um dos melhores agentes federais com quem já trabalhei. João Gretzitz era descendente de lituanos do interior de São Paulo, um poliglota com contatos na BKA — a polícia federal alemã — que tinha grande experiência na repressão ao tráfico. O plano era que eu me infiltrasse em um recreio (aqueles barcos grandes que fazem viagens de passageiros pelos maiores rios da Amazônia), no qual, segundo a informação que havíamos recebido, tinha um grupo transportando grande quantidade de pasta base de cocaína. Não sabíamos exatamente quem eram, então essa era a primeira informação que eu precisaria descobrir na viagem que levaria mais ou menos uma semana.

Para criar um disfarce, deixei a barba por fazer, coloquei um ray-ban e uma bandana, como a que o Cazuza costumava usar, o que era moda na época. Eu tinha 28 anos, mas parecia ter bem menos, com jeito carioca e sotaque carregado. Era um visual verossímil e bem distante de um policial federal.

Conversando com um e outro, não foi difícil descobrir quem eram as pessoas e me aproximar do grupo que levava a droga. Eram três homens: um colombiano, o chamado "químico", responsável pelo refino da cocaína, como eu viria a saber ao longo daqueles dias, e dois brasileiros, um deles inclusive ex-integrante de um grupo especial das Forças Armadas. Fui ganhando a confiança deles e, faltando dois ou três dias para a chegada em Manaus, inventei a história que me traria mais informações sobre o esquema de tráfico em si. Propus que eu fosse o canal para levar a cocaína para a Europa a partir do Rio. Para convencê-los de que tinha contatos por lá, cheguei a mostrar meu passaporte. Eu tinha ido algumas vezes à Europa, os carimbos comprovavam, e naquela época, décadas antes dos smartphones e do Google, não havia preocupação de fazerem uma pesquisa do meu nome.

Tudo estava como planejado quando um deles, durante uma conversa, me chamou a atenção por falar alto demais, daquele jeito descontraído tipicamente carioca. E completou:

— Toma cuidado porque volta e meia a Polícia Federal infiltra gente nesses barcos — disse, me encarando. — Mas fique tranquilo, pois, se tiver, e a gente perceber, o Sassá resolve. Mata com faca. Sabe matar, foi boina-verde, é bom de faca. Fica de olho porque é sempre perigoso não agir com discrição.

Eu gelei na hora, sem saber se aquele aviso era uma precaução normal de quem estava levando mercadoria proibida ou se estava blefando e me testando. Consegui controlar minha reação e disfarcei, mas nas duas noites seguintes fui acompanhado o tempo todo pelo medo.

Durante a missão, eu carregava uma bolsa preta de náilon, com uma pistola e uma submetralhadora HK no fundo. De dia, a deixava acomodada junto da rede em que à noite eu esticava para dormir. Minha maior preocupação era esconder o armamento. Para disfarçar, escondi a pistola e a HK debaixo de duas lentes fotográficas que eu levava: uma teleobjetiva de 300 mm, grande o suficiente para cobrir as armas, e uma grande angular Canon, além da minha câmera da mesma marca. Eu abria e fechava a sacola rapidamente e o que aparecia para quem estivesse olhando era o equipamento fotográfico. Outro cuidado que tomei foi tirar da bolsa minha identidade de policial: coloquei dentro do tênis que usava e pisei nela até o fim da viagem.

Já perto de aportar em Manaus, avistei lanchas da PF vindo em direção ao barco. Para não levantar suspeitas, os agentes que deram a dura fizeram o teatro de também me revistar. Logo antes de eu sofrer a "dura", os policiais obrigaram os traficantes ao meu lado a tirar os tênis para ver se não havia algo escondido. Lembro que tive que reagir rápido e erguer meu sapato até a altura do rosto do meu colega, para que ele visse minha carteira de federal ali dentro. Se ela caísse no chão, o disfarce seria descoberto nos momentos finais. Fui escolhido para ser o primeiro "suspeito" a depor e, na cabine do capitão improvisada de sala de interrogatório, identifiquei quem eram os traficantes.

Aquela foi uma missão bem-sucedida e que me fez ganhar credibilidade logo no início da carreira, principalmente entre os mais experimentados federais de Manaus. E também me ajudou a superar o preconceito que muitos colegas tinham em relação a mim, pelo simples fato de ser carioca e às vezes carregar o estereótipo do malandro que não gosta de trabalhar.

Esses dois anos na superintendência do Amazonas foram decisivos na minha formação. Episódios como aquele das tartarugas, missões arriscadas para reprimir o tráfico de drogas e o fato de começar a conhecer a instituição por dentro me marcaram pessoal e profissionalmente. Foi nessa época que comecei a questionar nossas atribuições. E foi também a chama inicial que me levou a elaborar a criação de uma unidade especializada na repressão aos crimes cometidos contra a fauna e a flora. Essa divisão — a Divisão de Repressão a Crimes contra o Meio Ambiente e Patrimônio Histórico (DMAPH) — está até hoje no organograma da PF.

PRÓXIMA PARADA: FBI

Em 1990, no início do governo Collor, fui transferido para o Rio de Janeiro. Minha nova função seria trabalhar na segurança dos filhos do presidente da República, que viviam na capital fluminense. Naquele começo de década, o Rio vivia (mais) uma crise na segurança pública. Os sequestros estavam em alta, e os dois herdeiros do presidente eram alvos óbvios. Apesar de alguns momentos de tensão, foi um período de trabalho bem mais tranquilo que os anos na Amazônia.

Com o impeachment de Collor, a missão foi abortada. Toda a equipe que trabalhava na segurança do presidente e de seus familiares no Rio seria designada para atuar no Galeão, uma área tradicionalmente cobiçada pelos policiais federais no Rio. Lá, a escala de plantão era mais leve (trabalhava-se um dia para três folgas), a rotina de trabalho, mais diversa, e dava para conhecer gente de todas as partes do mundo. No dia marcado para nos apresentarmos no aeroporto, eu me atrasei porque fiquei preso em um engarrafamento em Copacabana. O delegado encarregado das lotações ficou chateado e acabou me mandando para trabalhar na custódia: a carceragem da PF no Rio, considerada, esta sim, um lugar de bem menos prestígio. Apesar de não ter pensado nisso naquele momento, essa mudança acabou sendo boa para mim, pois me deu tempo para estudar para o concurso para delegado. Consegui também terminar o curso de francês, que seria essencial na minha carreira.

Naquele período, o superintendente da PF no Rio, o delegado Edson de Oliveira, acumulava também, por nomeação do diretor-geral, Romeu Tuma, o cargo de chefe da Interpol no Brasil. A sede era em Brasília, e havia algumas representações em outras cidades, entre elas o Rio, para onde o Edson levou algumas posições da Interpol. Fui chamado para trabalhar, ainda como agente, na unidade carioca.

Em uma das primeiras missões, fomos cumprir uma ordem judicial, em colaboração com os Estados Unidos, de busca e apreensão no quarto de um hotel de Ipanema, na Zona Sul, onde vivia um português suspeito de vários crimes de estelionato. Era uma montanha de documentos, contatos com empresários, políticos daqui e de fora.

Fiquei encarregado de receber os dois agentes do FBI que viriam ao Rio por causa desse caso. Analisei todo o material, separei tudo que tivesse qualquer relação com empresas americanas, classificando por países de origem e idiomas. Os americanos ficaram gratos, enviaram depois uma carta de agradecimento à PF, e pouco depois recebi, pelo oficial de ligação do FBI no Uruguai, Richard Ford, uma indicação para fazer o curso de formação do FBI, em Quantico, Virgínia. Concorri com outro agente de São Paulo, mas meu inglês era melhor. Passei boa parte do ano de 1994 em Quantico, onde está a academia de formação do FBI, dentro de uma base de treinamento dos Marines, os fuzileiros navais dos Estados Unidos. Aproveitei a oportunidade e fiz uma pós-graduação em justiça criminal na Universidade de Virgínia, que era oferecida no pacote do curso.

Esse foi um período que completou minha formação. A minha percepção da necessidade de se estruturar o combate aos crimes ambientais veio da minha época na Amazônia, ainda como agente. Quando estava indo para os Estados Unidos, prestei o concurso para delegado. Mas foi lá que se enraizaram em mim os conhecimentos sobre investigação criminal e sua importância e cooperação internacional em matéria policial, que acabou sendo a parte mais importante do meu trabalho a partir dali.

Quando voltei dos Estados Unidos, o delegado Edson de Oliveira já não chefiava a Interpol aqui, e o seu substituto não me quis na equipe. Vivi meus últimos meses como agente, trabalhando na segurança de autoridades estrangeiras. Estava cuidando do representante da rainha da Inglaterra em Brasília, na posse do presidente Fernando Henrique Cardoso, em 1º de janeiro de 1995, quando saiu a lista de aprovados para delegado. Meu nome estava lá.

A primeira unidade que chefiei como delegado foi o Serviço Operacional da Delegacia de Polícia Marítima, Aérea e de Fronteiras, no porto do Rio. Recebi uma carga de aproximadamente trezentos inquéritos, a maioria sobre fraudes na emissão de passaportes e crimes relacionados a estrangeiros.

Em 1996, passei pela minha pior experiência como delegado quando fui designado chefe do Serviço de Disciplina na Corregedoria da superintendência da PF no Rio. Um lugar infernal, o famoso *lose-lose game*, como dizem os americanos. Perder ou perder. Se você não conseguir nada, você perde. Se você conseguir, é contra seus colegas. Mesmo que você se sinta bem de tirar de circulação um criminoso, o gosto é sempre amargo.

Mas não tenho dúvidas: entre prender um bandido qualquer e um policial que está cometendo crimes, vou preferir sempre prender o policial, porque é muito mais danoso à sociedade e torna vulnerável o trabalho da polícia. Fui severo na corregedoria, mas era uma sensação muito ruim investigar e punir colegas.

Acredito, no entanto, que a chama que inspira a realização de algo novo nasce da vontade de escapar de alguma coisa. A necessidade de mudar é mãe da criatividade. E foi ali, na corregedoria, muito motivado pela vontade de sair, que idealizei, formatei e dei o pontapé para o trabalho mais importante das minhas quase três décadas de carreira na PF: a criação da Divisão de Repressão a Crimes contra o Meio Ambiente e Patrimônio Histórico.

RESISTÊNCIAS INTERNAS

Em 1996, aproveitando as noites e os finais de semana, elaborei o projeto de criação da divisão a partir do diagnóstico do que vivíamos na área ambiental: os milhões de dólares que o tráfico de espécies ameaçadas movimentava, a parca repressão da PF a esses delitos e a importância crescente da área. Enviei minha proposta de criação de delegacias especializadas no combate aos crimes ambientais ao comando da PF em Brasília no dia 15 de janeiro de 1997.

Batalhei durante seis anos até ver meu projeto sair do papel. Depois, já na prática, encontrei barreiras que me deram uma nova perspectiva sobre a força do crime institucionalizado no país. Essa longa demora foi causada em parte pelo desinteresse da PF pelo assunto, que andava a reboque da autoridade administrativa ambiental, o Ibama, limitando-se, na maioria dos casos, a dar apoio às suas ações.

Diante da falta de resposta da administração central da PF, decidi seguir por outro caminho. Minha proposta havia chegado também às mãos do delegado Washington Melo, então chefe da Interpol no Brasil. Ele se interessou pela ideia e me chamou para criar, em caráter informal, um setor para tratar do tema. Aceitei o convite. No Brasil, a Interpol é uma unidade da PF — o Escritório Central Nacional em Brasília (ECN IP Brasília).

Depois de quinze dias montando o setor em Brasília, assumi a subchefia do Escritório Central e fui tocando as ações de repressão aos crimes ambientais pela Interpol. Em paralelo, continuei a batalhar internamente para que a PF criasse a divisão ambiental, conforme eu havia sugerido. Foram três anos (de 1998 a 2000) esperando que acontecesse. No ano 2000, decidi parar de esperar. Liguei para o delegado Wilson Damázio, então na diretoria executiva, e pedi para ser transferido para a Divisão de Polícia Fazendária, na qual se concentravam as investigações de crimes ambientais. Por três anos, fui um "vendedor", um verdadeiro "promoter" da minha atividade. A repercussão na imprensa era fundamental para convencer os gestores da PF a investir naquela nova atividade.

Passei a escrever artigos para os jornais e oferecer imagens para a televisão a cada operação de combate ao tráfico de animais. Fui chamado diversas vezes de "delegado marqueteiro". Quase sempre, para espanto dos que me chamavam assim, eu confirmava que de fato fazia marketing e que, por isso, estava prestes a consolidar uma atividade importante para a PF e para a sociedade.

Aqueles não eram os únicos comentários maldosos. Embora tivéssemos recebido grande apoio de um grupo de delegados graduados, como Wilson Damázio, Zulmar Pimentel, Alciomar Goersch, Paulo Ornellas, Valquíria Teixeira e Paulo Lacerda, as gerações mais antigas da PF tinham dificuldade para entender que a repressão aos crimes ambientais era uma atividade efetivamente policial. Essa era uma barreira, sobretudo, cultural.

Um dia, quando fui começar uma palestra na PF, vi um dos "cardeais" da instituição, sentado à primeira fila, comentar com o colega ao lado:

— Lá vem o Pontes com essa história de lagartixa e perereca! É por isso que as coisas não andam na Polícia!

Era curioso ver a expressão de alguns superintendentes ao me escutar falando sobre sustentabilidade, biodiversidade e os preços que algumas espécies ameaçadas alcançavam no mercado europeu. Parecia que estavam assistindo a uma aula de física quântica.

O desprezo pela causa ambiental não acontecia só dentro da polícia. Ainda antes de deixar o Rio, quando preparava a proposta de criação da divisão, passei a acompanhar casos de tráfico de animais que ocorriam no Galeão. Um desses casos foi o de um cidadão alemão chamado Marc Baumgarten, preso ao tentar embarcar com 112 aranhas para a Europa. A história ganhou a mídia, provocada por nós, muito em razão da cena de dezenas de aranhas-caranguejeiras enormes saindo de caixas plásticas. No dia seguinte, o economista Roberto Campos publicou, em tom de ironia, o artigo "A aranha é nossa" — numa referência ao mote nacionalista "O petróleo é nosso" —, criticando o delegado que lavrou o flagrante e a atuação da PF no caso.[2]

Finalmente, em 4 de setembro de 2003, conseguimos a aprovação do novo regimento interno da PF e a criação das 27 delegacias especializadas na repressão aos crimes contra o Meio Ambiente e o Patrimônio Histórico (as DELEMAPHs), uma em cada unidade da federação. É importante dizer que a unidade de coordenação e controle, a DMAPH, foi criada ainda no segundo governo FHC, mais precisamente em 2001, mas as delegacias especializadas só foram criadas no primeiro mandato de Lula.

Logo que assumi a chefia da divisão, me deparei com mais uma faceta do crime institucionalizado no país. Ao contrário do que possa parecer — e do que certamente acreditam muitos dos meus colegas que debochavam dos crimes ambientais —, coibir o desmatamento e a grilagem de terras atingia alguns dos homens mais poderosos do Brasil. Eram pessoas com grande influência nos diversos níveis de governo e — por que não? — na própria Polícia Federal.

Fui percebendo isso durante a conclusão da estrutura criada formalmente em 2003. Entre a data da publicação no *Diário Oficial* e a instalação das 27 delegacias especializadas, com policiais dedicados exclusivamente à atividade, foram quase dez anos.

Infelizmente, alguns superintendentes regionais não moveram uma palha para criar suas respectivas DELEMAPHs. Depois de um tempo, descobrimos que nunca o fariam. A delegacia especializada de Belém, por exemplo, era para ter sido criada desde o início. O estado do Pará era, e continua sendo, atacado noite e dia por criminosos. Observamos com pesar a letargia do dirigente regional da PF daquele estado, que durante anos deixou de implementar a nossa projeção da DELEMAPH na capital.

Mas ele não foi o único. Muitas superintendências nas regiões Norte e Nordeste foram de certa forma refratárias à imediata instalação das delegacias. Ao longo desse processo, percebi que a repressão ao crime ambiental não era, a exemplo da repressão ao tráfico de entorpecentes, uma atividade "para distrair". Ao contrário, a nossa atividade não atingia pés-rapados, pessoas à margem do poder, mas sim empresários de grandes negócios, a quem não interessava combater o desmatamento, a poluição, a grilagem e as queimadas.

Muitos desses empresários financiavam políticos locais, e dessa forma conseguiam exercer influência sobre os respectivos governos estaduais. A suposta má vontade em montar as delegacias especializadas tinha uma razão: a tibieza de alguns dirigentes regionais da própria PF em enfrentar criminosos que apoiam governadores. Para evitar desgastes, o melhor era empurrar com a barriga a criação das delegacias.

Quando a instalação dessas delegacias foi inevitável, recorreram ao plano B: lotar as DELEMAPHs de policiais sem a menor vocação para as atividades de repressão a esse tipo de crime. Sempre achei, principalmente naquele início, que era melhor e mais produtivo ter pouca gente com bastante engajamento do que muita sem engajamento algum. As tentativas de influência não apenas do poder central, em Brasília, mas também de governos locais sobre as estruturas regionais da PF são até hoje um dos principais obstáculos que delegados e agentes federais precisam enfrentar.

A PF encarou pressões, muitas veladas, distrações, algumas dissimuladas, e, como órgão do Estado, conseguiu superar essas forças contrárias. Justiça seja feita: houve vários delegados da velha guarda que, em posição de alto-comando, bancaram a criação da divisão, apesar das oposições, da má vontade do establishment e dos boicotes regionais.

No governo federal, a ministra do Meio Ambiente no primeiro mandato de Lula, Marina Silva, pôs à nossa disposição todo tipo de cooperação, e sempre apoiou e demonstrou interesse pelas prisões que fazíamos de servidores do Ibama, subordinados à sua pasta. A colaboração com o MP também foi imprescindível. Ao longo dos anos, trabalhei com um sem-número de promotores e procuradores da República dedicados à área. A bem da verdade, eu não era um solista. O sucesso dos primeiros anos da DMAPH ocorreu também por causa da atuação de um time dedicado de agentes e escrivães que me acompanharam quando saí da Interpol.

A instalação da DMAPH coincidiu com o início da fase das grandes operações da PF. Em 2006, uma sequência de seis ações contra madeireiras na região Norte identificou mais de uma centena de servidores públicos envolvidos em corrupção ambiental. Ao longo dos anos, dezenas de operações, em diversas regiões do país — Pindorama, Feliz Ano Velho, Rosa dos Ventos, Isaías, Dragão, Curupira, Daniel, Novo Empate, Oxóssi, Gnomo, Judas Iscariotes e Euterpe —, ajudaram na redução do desmatamento na Amazônia, celebrada como uma grande conquista do país na década passada.

A essa altura, a Divisão de Meio Ambiente já caminhava com as próprias pernas, e era hora de "subir a escala". Então, em 2007, fui indicado para chefiar a superintendência da PF em Pernambuco, uma das cinco maiores do país. O cargo me permitiu ter outra visão do Estado brasileiro e das relações de poder no plano estadual.

O período como superintendente foi um dos momentos mais edificantes da minha carreira. Foi o meu début no mundo da gestão policial. Apesar de ter sido uma passagem sofrida, foi também de grande aprendizado. Essa experiência me mostrou que às vezes nem sequer conseguimos saber de onde vem a força que atua contra o trabalho daqueles que estão dispostos a investigar os crimes dos mais poderosos.

Recebi uma superintendência com uma equipe muito boa, mas que precisava de uma sacudida. O time de delegados era excelente. Os agentes, muito motivados e profissionais. Meu antecessor havia priorizado as atividades de polícia marítima: expedição de passaportes e administração da imigração no Aeroporto Internacional dos Guararapes. Não priorizou investigações sobre grandes esquemas de corrupção ou realizou megaoperações, duas das principais atividades da polícia judiciária.

Eu estava decidido a mudar aquela situação e concentrar nossos esforços no combate aos grandes esquemas de corrupção locais. Na primeira reunião com os delegados, me lembrei de uma crítica que um colega fez sobre um antigo chefe que, quando assumiu a unidade, teria dito aos subordinados: "Não me tragam problemas". Aquele relato me marcou, porque nossa função é justamente o contrário: causar atritos. Como costumam dizer os nossos colegas do FBI: *Big cases, big problems* [Grandes casos, grandes problemas]. Havia, naquela reunião, alguns delegados bem mais antigos do que eu, mas eu me interessava mesmo era pela turma mais jovem, que parecia já estar motivada com a minha chegada e a do delegado Rogério Galloro. Rogério era meu número dois, colega de turma e amigo, que me acompanhou de Brasília para Recife. Anos depois, em 2018, ele viria a assumir como diretor-geral da PF.

Pois bem, me recordando daquela preleção infeliz, fiz questão de deixar claro aos delegados que eu estava em Pernambuco para causar problemas. Quanto maiores, mais satisfeito eu estaria com a equipe. Disse a eles que gostaria de alcançar os andares mais altos na escalada da repressão aos crimes federais no estado de Pernambuco. Térreo, primeiro e segundo andares não me interessavam. Contei que queria os últimos andares, a cobertura. Lembrei a eles que, infelizmente, em nosso país, poucas vezes os estratos mais altos da criminalidade são alcançados — o que só veríamos mudar anos mais tarde, na Operação Lava Jato.

O que eu ainda não sabia é que há andares os quais a polícia não consegue alcançar. Quando de fato começa a se aproximar, algo a impede. Quem ocupa a cobertura tem o poder de nomear nossos chefes e de assinar nossa transferência.

Cheguei a Pernambuco para ficar mais ou menos três anos, mas não pude cumprir nem metade desse tempo. Antes de completar um ano de gestão, o delegado Bernardo Torres, um dos melhores policiais da equipe, desencadeou a Operação Zebra, um marco da nossa administração, cuja história será contada em detalhes mais adiante. Com ela, desmontamos uma rede de contrabando, sonegação fiscal, lavagem de dinheiro, corrupção e crime contra o sistema financeiro, que, segundo descobrimos, tinha envolvimento de agentes da área de segurança. A investigação provocou um abalo no governo estadual que me fez, um mês depois, ser convidado a voltar a Brasília.

Retornei para a Interpol, e em 2010 fui designado chefe do escritório da PF em Paris, de onde só voltaria três anos depois. Quando cheguei ao Brasil, ouvi alguns colegas reclamando da demora do governo em responder sobre transferências para outras cidades ou unidades. Ficavam no "micro-ondas", como diziam. Com essa notícia, e desgastado após longas temporadas afastado dos meus filhos, em Brasília, Pernambuco e em Paris, decidi me aposentar. E desde então me mudei definitivamente para o Rio.

No dia 17 de março de 2014, estava em casa à noite, assistindo ao noticiário na televisão, quando vi a reportagem sobre a condução coercitiva de Paulo Roberto Costa, ex-diretor de abastecimento da Petrobras, na primeira fase da Lava Jato. Imediatamente me lembrei de um amigo das peladas que costumava jogar no Clube Naval, também conhecido como Piraquê, na zona sul do Rio.

Seu nome era Otávio Cintra, um engenheiro formado pela UFRJ que tinha décadas de Petrobras e havia trabalhado em diversos postos no exterior — Cingapura, Santiago e Houston. Ele me contava havia meses sobre as fraudes que aconteciam na empresa. Garantia que um grupo instalado na estatal "roubava em todas as áreas da empresa. No betume, nos contratos de afretamento, nas refinarias, nas aquisições de posições podres em campos de petróleo e na venda das joias da coroa da Petrobras". Por experiência, eu o alertei de que não se instauraria uma investigação desse porte baseada em "rumores", e que era necessário ter evidências concretas.

Confesso que ficava até um pouco constrangido por não levar adiante o que ele contava. Quando vi a notícia de que um grupo da PF em Curitiba estava investigando os desmandos na Petrobras, liguei imediatamente para o Otávio, que atendeu o telefone tão ou mais eufórico que eu.

Procurei saber quem comandava aquela investigação. Telefonei para meu amigo e delegado Roberto Troncon, à época no comando da superintendência em São Paulo. Troncon me informou que o inquérito era presidido pelo delegado Márcio Anselmo. Eu lembrava que já havíamos conversado em fóruns de discussão na internet, e enviei um e-mail a ele contando sobre meu amigo que tinha muita informação sobre o Paulo Roberto Costa e poderia ajudar imensamente naquela investigação.

Duas semanas depois, nós nos reunimos no Rio de Janeiro para ouvir do funcionário da Petrobras tudo o que ele tinha a dizer sobre o que acontecia por baixo dos panos na empresa. Muito do que conseguiriam provar nos meses e anos seguintes fora antecipado ali: como as diretorias "lucrativas" eram distribuídas para partidos da base aliada do governo federal, cujos caciques indicavam seus respectivos diretores e gerentes, como era arranjado o cartel entre as principais empreiteiras do país para superfaturamento das grandes obras, e assim por diante. O longo dia de aula sobre os meandros do esquema na companhia deram a Márcio e ao agente Prado, que o acompanhava, um manancial de informações sobre tudo que se passava na empresa. Otávio montou, inclusive, um organograma que revelava as indicações, as diretorias, os partidos e os líderes políticos envolvidos no esquema de corrupção da Petrobras.

É difícil estimar o quanto de agilidade na investigação a PF ganhou com a ajuda de Otávio Cintra. Só naquela tarde Márcio fez uma pós-graduação em corrupção na Petrobras. E aquele encontro, com boa dose de casualidade, acabou por nos aproximar.

3. O embrião da Lava Jato

Todo mundo sabia o que estava acontecendo.[1]
Alberto Youssef, doleiro condenado na
Operação Lava Jato

Márcio Anselmo: Para um garoto que entrava na adolescência, a notícia não era nada boa: meu pai, que trabalhava com construção civil mas sempre gostou da roça, decidira encerrar a empresa, vender tudo o que tinha e se mudar com a família para o meio do mato. Era 1990, eu tinha treze anos, meu irmão, sete, e vivíamos em Cambé, na região metropolitana de Londrina, a segunda maior cidade do Paraná. Nos jornais e nas ruas, só se falava de uma coisa: o confisco da poupança anunciado pelo governo Collor.

Nosso destino era Indianópolis, uma cidadezinha, ou melhor, um vilarejo, no interior do interior do estado, onde viviam cerca de 6 mil pessoas. Havia uma praça, onde ficava a prefeitura, e praticamente mais nada. Não tinha agência bancária, e sequer tínhamos telefone. Alguns anos depois, por exemplo, eu só ficaria sabendo da minha aprovação no vestibular no dia seguinte à divulgação do resultado, após o meio-dia, porque o jornal atrasou para chegar à cidade.

No início, tudo era novidade, mas com o tempo eu e meu irmão começamos a achar que ter ido morar lá não tinha sido a melhor escolha. Víamos que isso colocava a nossa formação em risco.

Completei o primeiro grau, mas Indianópolis não tinha escola com segundo grau regular, hoje chamado de ensino médio. Na época, só havia uma opção: o curso técnico em contabilidade, que foi para mim o equivalente à formação regular.

Apesar da minha preferência pela área de humanas, sempre fui bom em matemática, e gostava da matéria e lidava bem com números. Agora, olhando em retrospectiva, a "coincidência" de só haver o curso de contabilidade em Indianópolis acabou sendo decisiva na minha trajetória, porque este seria o primeiro contato com a área do futuro policial que se especializaria no combate a crimes financeiros, corrupção e lavagem de dinheiro.

Quando chegou a hora de decidir que curso faria na faculdade, optei pelo direito, apesar de meu pai ter deixado claro que preferia que eu escolhesse agronomia. Foram dois anos estudando sozinho, com livros emprestados dos professores e da biblioteca da escola, para compensar a deficiência de um segundo grau técnico. Aprovado na Universidade Estadual de Londrina (UEL), voltei para Cambé e morei na casa da minha avó enquanto estudava. Londrina parecia outra cidade. Quando fomos para Indianópolis, o primeiro shopping da cidade ainda estava sendo construído. Depois da temporada adolescente no meio do mato, reencontrei um lugar muito diferente. E foi só ali em Londrina, já perto dos vinte anos, que entrei pela primeira vez num McDonald's, por exemplo.

Em meu pai, por outro lado, a aversão pela cidade grande seguia firme. Ele e minha mãe ainda permaneceram em Indianópolis por quase vinte anos, até que, mais velhos, longe dos filhos, não puderam continuar vivendo num lugar onde o celular não funcionava e não tinha sinal de internet. Apenas em 2015, já no auge da Lava Jato, consegui convencê-los a se mudarem para uma cidade próxima a Londrina.

No final do primeiro ano da faculdade, passei em um concurso da Justiça Federal e comecei a trabalhar como técnico judiciário em paralelo ao curso de direito. Como a maioria dos estudantes na época, quando cheguei ao quinto e último ano passei a prestar concursos para cargos de nível superior. Em meados de 2001, foi divulgado o edital do concurso para PF — na época um dos mais disputados do Poder Executivo — para os cargos de perito, agente, escrivão e delegado. Eu e mais alguns colegas de turma decidimos prestar. Uma coincidência de datas acabou influenciando a escolha: o dia da prova para delegado era o mesmo da festa de formatura, que acabou ganhando a preferência.

Então prestei concurso para os cargos de agente e escrivão. Fui aprovado após uma longa bateria de exames, incluindo a tão temida prova física, com exercícios de corrida, salto, barras fixas e natação. Na época, fui para a prova física sem ter certeza de que conseguiria fazer as cinco barras, imprescindíveis para a aprovação. À diferença dos outros concursos da área jurídica, a atividade policial exigia a prova de preparo físico, que era eliminatória. No último ano da faculdade, acordava às cinco horas em alguns dias da semana para treinar, depois ia direto para o estágio obrigatório até as 11h30 e, à tarde, trabalhava como técnico judiciário até as dezenove horas, quando começavam as aulas do outro lado da cidade e iam até as 23 horas. Foi uma maratona, mas que rendeu a aprovação no concurso e a convocação para o curso de formação, na Academia Nacional de Polícia.

Convocado inicialmente para o curso de escrivão, segui pela primeira vez rumo ao Planalto Central, dirigindo um Corsa 1.0, sem ar condicionado, na companhia de dois outros colegas de curso e futuros colegas de profissão. Foram dois dias de viagem, o primeiro até São José do Rio Preto, em São Paulo, e depois até Brasília. Já na entrada da academia, próximo da cidade-satélite de Sobradinho, uma frase ficou na minha memória: "Entrada para a realização de um sonho".

Cumpri os quatro meses na academia de polícia exatamente no período da primeira eleição do ex-presidente Lula. Eu me lembro bem do dia em que saí com outros colegas para comemorar sua vitória. Naquela época, não podia imaginar que anos depois eu presidiria investigações em seu desfavor. Havia um clima de esperança de que as coisas finalmente mudariam no país, e Lula de fato trazia novidades aos ministérios, com nomes como Cristovam Buarque na Educação, Marina Silva no Meio Ambiente e Gilberto Gil na Cultura.

Da mesma forma, na PF foi um período de grande evolução. Sob a gestão do delegado Paulo Lacerda, então diretor-geral, iniciaram-se as grandes operações, numa fase de fortalecimento da instituição, com grande apoio do então ministro da Justiça, Márcio Thomaz Bastos.

DO "KIT CAMINHONEIRO" AOS CRIMES FINANCEIROS

Minha pontuação no curso de escrivão me permitiu escolher ficar lotado na delegacia de Guaíra, uma cidade de 29 mil habitantes na época, próxima a Foz do Iguaçu, na fronteira com o Paraguai. Apesar de ser uma região de fronteira, marcada pelo grande volume de tráfico de drogas, tinha, para mim, a vantagem de ser mais próxima de casa. Como em toda delegacia de fronteira, a apreensão de drogas era o foco do nosso trabalho, e a preocupação das chefias em produzir estatísticas reforçava aquela rotina. Parte do nosso dia a dia era dedicada a uma ação que apelidamos de "kit caminhoneiro" — quando se apreendiam o caminhão e a droga, e seu motorista era preso por tráfico de drogas.

Acabei seguindo para o novo destino na companhia de outro colega de turma, Marcos, e, quando chegamos à lotação, havia apenas outro colega com o mesmo cargo, que nos aguardava ansiosamente para poder dividir o trabalho, muitas vezes hercúleo. Chegávamos a acumular quinze dias seguidos em regime de plantão, numa localidade onde dificilmente se dormia uma noite sem que o telefone tocasse com alguma ocorrência. Na chegada a Guaíra, fui designado para trabalhar com o delegado Luciano Flores, com quem voltaria a atuar anos depois, na Operação Lava Jato.

Mais tarde, ainda lotado em Guaíra, fui "emprestado" para reforçar a equipe que atuava no caso Banestado, pouco antes da deflagração da Operação Farol da Colina, um dos desdobramentos da investigação que acabou levando 63 doleiros à prisão. Foi meu primeiro trabalho efetivo numa investigação de crimes financeiros, e aquele período foi uma verdadeira faculdade para mim. Ali, conheci alguns dos policiais que seriam decisivos na minha carreira, e que, dez anos depois, atuariam comigo na Lava Jato, como a delegada Erika Marena e, após um tempo, Igor Romário de Paula.

Erika Marena chegou de São Paulo para integrar a equipe numa manhã fria de inverno. Tinha sido escolhida por Paulo Falcão para presidir o que chamávamos de inquérito-mãe do caso Banestado. Lá, a delegada com cara de poucos amigos começaria uma carreira que a transformaria em uma das maiores autoridades em crimes financeiros do país, uma verdadeira enciclopédia da criminalidade financeira nacional.

O caso Banestado era um esquema gigantesco cuja principal via de lavagem de dinheiro eram as contas CC5 (de não residentes no país) usadas por doleiros para enviar bilhões de dólares ao exterior entre o final da década de 1990 e o começo da seguinte. O Banestado foi uma espécie de avant-première da Lava Jato, e não só pela repetição dos policiais envolvidos, mas também com procuradores do MPF, como Deltan Dallagnol, Orlando Martello e Carlos Fernando dos Santos Lima, atuando nas duas operações, ambas com processos sob responsabilidade do juiz Sergio Moro. Entre os investigados, o personagem central também se repetia: Alberto Youssef, o doleiro que uma década depois permitiria que se puxasse o fio da meada do maior esquema de corrupção já descoberto no país.

Enquanto eu auxiliava nos trabalhos da Força-Tarefa CC5, foi publicado o edital do novo concurso da PF. Era a chance de "progredir" na carreira, já que havia decidido não fazer a prova na primeira oportunidade. Pedi para deixar a missão e retornar para a minha lotação — Londrina — a fim de me dedicar aos estudos para o concurso de delegado.

Foram alguns meses de estudos intensivos, conjugados com a preparação para as provas físicas, que agora tinham um agravante: a prova de natação dessa vez tinha um tempo mínimo — o que não era tão fácil para um nadador de rio como eu.

Passei alguns meses dormindo e acordando em meio a livros e apostilas. Meu almoço se resumia a um sanduíche que levava de casa para poder aproveitar o tempo que sobrava da hora do almoço para estudar. No fim do expediente, era da academia para o treino físico, depois voltava para os livros. Enquanto atuava como escrivão, durante as audiências, intercalava o trabalho com leituras dos informativos do Superior Tribunal Federal (STF).

Com o resultado da primeira fase do concurso, veio a aprovação com uma boa pontuação e a perspectiva de voltar a Brasília para cursar novamente a Academia Nacional de Polícia — dessa vez para o cargo de delegado.

A passagem pelo caso Banestado reforçou minha convicção de me dedicar à área de crimes financeiros, e foi com essa ideia que fiz o curso de delegado. A formação é bem genérica: aulas sobre todas as áreas de atuação da PF, independentemente do setor a que irá se dedicar quando sair. São enfatizados princípios importantes para um policial federal, como a ética e o trabalho em equipe. Algumas provas, por exemplo, são feitas em grupo, e sua pontuação é decisiva para a classificação final, que define a ordem de escolha da cidade onde cada delegado será lotado. Se, por um lado, incentiva-se a cooperação coletiva, por outro, a academia também é um ambiente extremamente competitivo, com cada futuro delegado de olho em garantir o lugar de sua preferência. Ir mal em uma prova pode significar algumas centenas de quilômetros mais longe de casa ou do destino almejado.

Se minha formação como escrivão ocorreu em concomitância à primeira eleição de Lula como presidente, em sua reeleição, no segundo semestre de 2006, eu estava novamente na academia da Polícia Federal em Brasília. Durante aquele período, estive próximo ao presidente Lula pela primeira vez, no desfile de Sete de Setembro, quando a PF participava e os alunos da academia desfilavam.

Para quem vem de outro ambiente, a academia, não importando em que curso, pode assustar pelo aspecto da militarização. Temos que deixar o cabelo curto, fazer a barba e andar em fila. Só não o colocam para marchar, embora haja quem julgue necessário. Hoje, há ainda o regime de internato nos três ou quatro meses de curso, que, para minha sorte, não era a praxe na época.

Naquele segundo semestre de 2006, a política brasileira ainda vivia a repercussão do escândalo do mensalão. Mais tarde, surgiu uma tendência que vem se confirmando, e que me parece felizmente irreversível: um interesse maior dos novos policiais por crimes financeiros. Não é algo simples. A área é árdua e requer paciência, pois geralmente as investigações levam bastante tempo. Como é muito papel, às vezes nos deparamos com sistemas complexos demais, e os resultados demoram a aparecer.

Historicamente, a área de combate às drogas era a que sempre recebia mais recursos, humanos e financeiros, das chefias da PF. É a que possui mais equipamentos, mais dinheiro, e foi por muitos anos a mais atrativa da instituição. É possível dizer que hoje isso está mudando, e o combate à corrupção se aproxima em prestígio, embora ainda com menos recursos. Em 2018, havia pelo menos sete superintendentes regionais da PF (que comandam as unidades nos estados) oriundos da área de crimes financeiros. É um número recorde. Uma vez que os superintendentes têm autonomia na utilização de recursos em cada unidade, isso vai se refletir na distribuição de pessoal, de dinheiro e de energia na apuração de cada tipo de crime.

A repercussão dos casos de combate à corrupção nos últimos anos e o crescente reconhecimento da importância desse trabalho definitivamente colaboraram, e ainda colaboram, para que essa área ganhe ainda mais prestígio. Posso dar o depoimento de quem já viveu as duas situações: gera muito mais adrenalina desbaratar um esquema complexo de corrupção do que apreender quinhentos quilos de maconha e prender alguém que será substituído pelo tráfico no dia seguinte. Além disso, revelar um esquema de desvio de dinheiro é incomparavelmente mais importante para o país.

A academia é fundamental, e lhe fornece noções básicas e princípios importantes, mas só a prática e o trabalho ao lado de colegas mais experientes vão fazer com que você evolua realmente. É necessário ter noções de mercado financeiro e contabilidade para ter capacidade de compreender as estruturas contábeis com que nos deparamos. Rastrear dinheiro é um constante aprendizado, e ter um ímpeto farejador e muita paciência são virtudes valiosas.

Embora minha nota tivesse me proporcionado um bom leque de alternativas sobre como começar minha trajetória como delegado, acabei optando por ficar em Brasília. Indicado pela delegada Erika Marena, eu tinha um convite do delegado Luís Flávio Zampronha, que na época presidia o inquérito principal do mensalão, para trabalhar na capital. Ele era então chefe da Divisão de Repressão a Crimes Financeiros (DFIN), onde eu ficaria lotado. Em 1º de janeiro de 2007, anos depois da primeira vez, eu viajaria novamente de carro para a capital federal, onde no dia seguinte iniciaria a carreira de delegado da PF.

A "FACULDADE" DA FAKTOR

Trabalhar em Brasília é diferente de trabalhar em qualquer outra cidade. Ali é uma bolha com ritmo próprio. A sede da PF fica a menos de um quilômetro da Esplanada dos Ministérios, e perto também do Congresso, do Palácio do Planalto e do STF. Você vai a um restaurante e encontra um ministro, vai a qualquer outro lugar e esbarra com algum político. Querendo ou não, você vive a política e passa a acompanhar de forma mais direta os acontecimentos da vida nacional.

Assim que tomei posse, comecei a colaborar em algumas questões pendentes de antigas investigações em andamento, e, com o tempo, passei a assumir casos inteiros. Um deles em especial marcou minha passagem pela DFIN, e foi a primeira vez que me deparei com as diversas faces do crime institucionalizado no Brasil.

A Operação Faktor* me rendeu várias lições que foram depois imprescindíveis em meu trabalho na Lava Jato. Foi também uma espécie de faculdade "prática" de como o sistema se protege no Brasil — em função da força e da influência das famílias mais poderosas da elite política brasileira no Judiciário, na própria polícia, no sistema bancário e aonde mais chegarem.

Ainda em 2007, no meu primeiro ano em Brasília, recebi do então diretor de Combate ao Crime Organizado, delegado Getúlio Bezerra, a quem a DFIN estava submetida, um relatório do Conselho de Controle de Atividades Financeiras (Coaf) que mostrava movimentações atípicas, com saques que superavam 2 milhões de reais, de contas ligadas a Fernando Sarney, filho do ex-presidente José Sarney. O dinheiro, sacado em espécie às vésperas das eleições de 2006, poderia indicar que seria usado para financiar a campanha.

Aquele era um caso importante, e nem preciso mencionar o poder e a influência que o ex-presidente da República, e por décadas principal político do Maranhão, ainda mantinha. No entanto, devo confessar que me surpreendi com a dimensão desse poder. Ao longo dos meses de investigação, conseguimos mostrar que havia fraudes em contratos do Ministério de Minas e Energia, controlado durante anos pelo PMDB do Maranhão. Ainda assim, o ministério continuou sendo controlado pelo partido depois desse caso — os ministros Silas Rondeau (de 2005 a 2007) e Edison Lobão (de 2008 a 2015), como se sabe, foram indicações de Sarney.

Provamos também desvios ligados ao grupo do PMDB maranhense na Eletrobras, na Eletronuclear e na Valec, a empresa

---

* A operação ficou conhecida na imprensa como Boi Barrica. O nome faz referência a um grupo folclórico do estado do Maranhão.

pública controlada pelo Ministério dos Transportes e responsável pela ferrovia Norte-Sul, que até hoje é alvo de diversas investigações.²

A Petrobras já era mencionada nas investigações como um setor de "domínio" do grupo. Com o tempo, houve uma prova atrás da outra de como é duro enfrentar estruturas tão poderosas. Aquele foi o mais importante inquérito da minha carreira até então, e o resultado mostrou que o Brasil ainda precisava amadurecer muito suas instituições — ou recuperá-las.

Uma das primeiras lições que aprendi nessas investigações contra gente tão poderosa é que cuidado nunca é demais para evitar vazamentos. O pedido de quebra de sigilo bancário dos envolvidos foi uma das primeiras ações da investigação, e foi atendido pela Justiça. No entanto, um tempo depois, descobrimos que algum funcionário do alto escalão de um banco regional (cujos cargos eram, como de praxe, indicações políticas), ao receber o pedido em razão do cargo que ocupava, alertou os investigados.

O acontecimento interferiu diretamente no nosso trabalho, já que a notícia despertou a reação do grupo de investigados. É difícil que haja um vazamento de quebra de sigilo em instituições financeiras sólidas e preocupadas com a própria imagem, mas não em bancos pequenos ou públicos, muitas vezes alvos de ingerência política: a velha lealdade do indicado a quem o mantém no cargo. Naquele momento, senti na pele uma das facetas do problema crônico de apropriação dos cargos do Estado e das indicações políticas.

O vazamento é, de modo geral, uma preocupação constante. E há um problema inerente a investigações como essa: a necessidade de muitas informações externas. As internas são controláveis, pois há um padrão de compartimentação na PF. Mas quando se depende de terceiros a chance de vazamento cresce muito. Essa preocupação seria levada ao extremo anos depois, na Lava Jato: "Quanto menos gente souber, mais chance de manter o sigilo", dizíamos. Havia subgrupos na própria equipe de investigação, pois a compartimentação máxima é imprescindível para a prevenção contra vazamentos.

Mas essa questão não foi nem de longe o único percalço pelo qual passamos na Operação Faktor. Houve aqueles causados, infelizmente, por nós mesmos. Durante o inquérito, solicitamos a outra unidade da PF o acompanhamento de um emissário de Fernando Sarney que carregava uma mala para ser entregue na capital paulista. A orientação era para seguir e documentar, fazer fotos, registrar. Ele estava sendo monitorado. Os policiais escalados para o caso cometeram o deslize de abordá-lo, e ainda se identificaram como policiais. Ele não chegou a ser detido, e a mala não foi apreendida, mas seu conteúdo certamente era importante, tamanhos a apreensão e o desespero captados pelo monitoramento telefônico.

Somado ao vazamento da quebra de sigilo, aquele erro em São Paulo permitiu que os investigados tivessem grande noção dos nossos passos. Aquela operação deixou um aprendizado para as seguintes, e ele foi seguido à risca na Lava Jato, anos mais tarde. Nela, em todas as diligências mais importantes, era imprescindível ter uma equipe de trabalho coesa, do núcleo da investigação. Na preparação das prisões e buscas mais importantes, quanto menos gente soubesse, mesmo integrantes da investigação, mais chances de sucesso teríamos.

Na Faktor, os sucessivos vazamentos prosseguiram, até que, momentos antes da nossa primeira grande operação de rua, tudo desabou. Em 20 de agosto de 2008, tínhamos feito o pedido de prisão de Fernando Sarney, de sua mulher, Teresa Murad, e de outros investigados. Havia pedidos de busca e apreensão em diversos endereços, em Brasília e no Maranhão, inclusive na TV da família Sarney.

Percebemos que a iminente operação havia vazado alguns dias após o protocolo do pedido de prisão. Fernando Sarney, o principal alvo, abandonou a viagem que faria de Brasília a São Luís e encastelou-se na casa do pai, então presidente do Senado, até a obtenção de um habeas corpus.

Desistimos, assim, das buscas e da operação, pois tornaram-se inviáveis: havíamos perdido o efeito surpresa, característica essencial dessas operações. Foi uma grande decepção. Primeiro, por causa do vazamento, depois porque a Justiça também não deferiu a prisão dos principais investigados. Eu havia trabalhado muito nesse caso, e era frustrante perceber que esbarrávamos o tempo todo na estrutura de poder político.

O que surpreendeu foi que a influência política naquela investigação estava apenas começando, e motivou o mais famoso caso de censura no Brasil nos últimos anos. A imprensa identificou situações que passaram despercebidas na época da investigação e que revelaram o que ficou conhecido como "atos secretos" no Congresso Nacional — a nomeação de parentes e amigos para cargos no Senado por meio de decisões que não eram tornadas públicas. A Justiça do Distrito Federal, em 2009, proibiu *O Estado de S. Paulo* de publicar reportagens sobre o assunto, numa decisão absurda que vigorou até pouco tempo, cerca de nove anos depois.[3]

Mais uma vez ficou claro que o poder de investigações da PF tinha limites, e nos deparamos com um deles. Ainda assim, a investigação prosseguiu, com a conclusão pela responsabilidade criminal de vários investigados por crimes de evasão de divisas, lavagem de dinheiro e falsidade ideológica, entre outros. No entanto, a maior pancada contra a Operação Faktor ainda estava por vir. O Superior Tribunal de Justiça (STJ) anulou, em setembro de

2011, todas as provas obtidas, jogando por terra o nosso trabalho. Foi muito frustrante para quem se dedicou àquelas investigações, mas era o que os tribunais superiores faziam quando chegávamos perto de grandes figuras políticas ou do empresariado. O mesmo já havia acontecido com a Castelo de Areia, que revelou o esquema de corrupção das principais empreiteiras do país, e com a Satiagraha, barrada em 2008.

A decisão do STJ de anular as provas foi incompreensível. A ministra Maria Thereza de Assis Moura se declarou impedida; e o ministro Og Fernandes também havia se declarado suspeito. No dia do julgamento, o desembargador Marco Aurélio Bellizze, da Quinta Turma, foi chamado para compor a Sexta e completar o quórum mínimo de três desembargadores. Originários da Sexta Turma só havia os desembargadores Sebastião Reis Júnior, relator do caso, e Vasco Della Giustina. A decisão foi tomada numa única sessão, por unanimidade (3 a 0).

O voto do relator Reis Júnior também foi questionável. Ele herdara o caso do desembargador Celso Limongi, que, em maio de 2011, deixara o tribunal. Em apenas seis dias, ele estudou o processo e elaborou um voto de mais de cinquenta páginas. O ponto em questão deveria ser a autorização de quebra de sigilo a partir de um relatório do Coaf, órgão ligado ao Ministério da Fazenda, mas o fundamento do voto foi sobre interceptação telefônica, que legalmente exige elementos mais contundentes do que a quebra de sigilo.

Os ministros alegaram que as interceptações telefônicas eram ilegais e que as escutas só deveriam ser autorizadas como "último recurso". Partiram do pressuposto de que não havíamos feito outras diligências, de que nos baseamos apenas no relatório do Coaf para pedir a interceptação, mas houve um ano de investigação antes do pedido. Foi uma decisão inexplicável.

Infelizmente, assistimos aos poderosos exercerem influência muitas vezes. Quem entrou com o pedido de anulação das provas foi um funcionário da TV dos Sarney no Maranhão, quando estava claro que os beneficiados com a decisão seriam membros da família. Foi um golpe muito duro ver nosso trabalho escorrer pelo ralo. Com o fim melancólico da investigação, pedi transferência para Curitiba, para onde voltaria em setembro de 2010.

NADA SERÁ COMO ANTES

No ano seguinte à minha volta a Curitiba, me deparei com uma nova dificuldade para pôr em prática investigações contra grupos envolvidos em grandes esquemas de corrupção. O delegado José Alberto Iegas tinha acabado de ser nomeado superintendente da PF do Paraná, e me lembro do dia em que abri a *Gazeta do Povo*, principal jornal local, e li sua primeira entrevista após assumir o comando da unidade. Quando vi o título "É preciso fazer um trabalho de rua e reprimir os pequenos crimes", fiquei frustrado ao perceber como, anos depois, ainda reinava na PF a mentalidade do início da minha carreira como escrivão, na delegacia de Guaíra.[4]

Na entrevista, ele afirmava que ia priorizar o combate ao pequeno tráfico de drogas. Apesar de saber que esse era o pensamento de muitos policiais, fiquei decepcionado com a declaração, porque aquilo romperia a tradição da PF do Paraná de forte trabalho na área financeira, que, desde o caso Banestado, possuía uma unidade de repressão a esse tipo de crime que era referência em todo o Brasil. Lembro que, ao ler a entrevista, pensei: "Isso não vai dar certo". Iegas não era o tipo de pessoa que levaria adiante o trabalho em que eu acreditava. E, de fato, ele realizou mudanças que acabaram por desmantelar a unidade de crimes financeiros.

Erika Marena foi trabalhar na Delegacia Fazendária; Igor Romário aceitou um convite para a superintendência em Alagoas; e eu aproveitei para pedir licença e fazer um doutorado na Universidade de São Paulo (USP), onde me aprofundei no combate internacional à lavagem de dinheiro. Esse período "morno" da PF do Paraná coincidiu com o período em que o juiz Sergio Moro esteve cedido ao STF como juiz auxiliar da ministra Rosa Weber. Ao voltar à vara de Curitiba, Moro comentou que havia ficado dois ou três anos em Brasília, mas que parecia que tinha saído do Paraná anteontem, em referência à paralisação das investigações de crimes financeiros no estado.

Então, em abril de 2013, a situação mudou. Uma nova alteração ocorreu na superintendência do Paraná: Iegas deixou o cargo para a entrada de Rosalvo Ferreira Franco, que comandaria a unidade até se aposentar, no fim de 2017. Rosalvo era um policial honesto e um exemplo de liderança. Quando assumiu o cargo, começou a reestruturar a área de combate ao crime organizado, convocando o Igor para a Delegacia Regional de Combate ao Crime Organizado e a Erika para a chefia da Delegacia de Crimes Financeiros. O time foi se recompondo.

Voltei para a equipe formada por Igor, aos poucos recomposta. Na "carga" de inquéritos que recebi, um era ligado ao ex-deputado José Janene, ex-líder do PP que morreu em 2010 e um dos condenados no mensalão, e apontava para o doleiro Carlos Habib Chater, dono do posto de gasolina Torre, em Brasília, de onde saía dinheiro para ser lavado em uma empresa com sociedade de Janene, em Londrina. Em julho de 2013, a Justiça autorizou a interceptação telefônica de Habib, mas os números estavam registrados como propriedade do posto de gasolina. Nunca poderíamos imaginar que dali puxaríamos a ponta do novelo da operação que mudaria a história do país — e, como nenhuma outra, exporia as entranhas do crime institucionalizado no Brasil.

4. Os diferentes focos da Polícia Federal

> [...] *o segredo de todo mágico é atrair a atenção das pessoas para tudo que não tem a menor importância, para tirar a atenção delas na hora que importa, e o poder é isso, o poder é atrair a atenção das pessoas para tudo que não tem a menor importância, para na hora que tem a coisa importante, que é a que faz diferença, você não estar prestando a menor atenção.*[1]
> Eduardo Moreira, ex-sócio do Banco Pactual

Jorge Pontes e Márcio Anselmo: "O país, nos últimos anos, quase que fez uma opção pelo combate à corrupção no lugar de combater bandido. Essa é a realidade", afirmou Carlos Marun, o então ministro da Secretaria de Governo no período Temer, durante encontro da Associação Brasileira de Relações Institucionais e Governamentais (Abrig).

A visão do ministro Marun pode ser interpretada como uma tentativa não muito velada de afastar a PF do encalço de políticos suspeitos de corrupção. Alguns de seus antigos aliados, inclusive, estão entre os mais ilustres investigados pelas grandes operações dos últimos anos. Seu raciocínio pode pressupor, ainda, uma diferenciação entre "combate à corrupção" e "combate a bandidos", que jamais foi aceita pela sociedade brasileira e que se torna, à luz dos fatos revelados nos últimos anos, uma distinção absurda.

A sua fala é ainda mais reveladora se formos além de seu intuito de tentar diminuir o atual investimento policial em casos de corrupção. Marun é uma figura recente no cenário político nacional. Em seu primeiro mandato como deputado federal, ficou famoso por integrar a tropa de choque do ex-presidente da Câmara, Eduardo Cunha, e, posteriormente, ao assumir a Secretaria de Governo durante o mandato de Michel Temer. Marun, em seu pronunciamento, deu voz a uma estratégia bem antiga da classe política de tentar deslocar o foco da PF da perseguição aos grandes esquemas de desvio de dinheiro público.

Como já mencionamos, o tráfico de drogas sempre serviu como o pretexto perfeito nessa dinâmica. A "guerra" contra as drogas tem grande apelo popular e, ao longo dos anos, esse argumento é usado para distrair a PF do combate às grandes redes de corrupção: desperdiçando esforço, tempo e recursos humanos e financeiros.

Outro trecho do discurso de Marun volta a tocar nesse ponto. "A PF se retirou muito das fronteiras. Você pode ver que hoje quem faz apreensão de drogas ou são as polícias civis ou a Polícia Rodoviária Federal. [...] Nem quero discutir se foi certo ou errado: [...] esse foco no combate à corrupção, necessário, já teve objetivos [alcançados]. A política mudou, [...] essas operações já tiveram resultado positivo. [...] Isso fez com que nós tenhamos hoje uma dificuldade até territorial", afirmou o ministro, ao discorrer sobre segurança e defender uma mudança de prioridade no trabalho da PF.

Para os altos gestores do crime institucionalizado, extinguir a PF e o MPF seria o mundo ideal. Claro que é impossível, pois são instituições estabelecidas pela Constituição Federal de 1988 e, hoje, órgãos extremamente populares. Então, o que lhes resta é tentar minar sua capacidade de ação e seus meios de avançar no combate aos maiores esquemas.

Numa analogia, o que fazem é tentar distrair os cães farejadores para que possam transitar livremente pelo Estado e implementar os malfeitos sem que seus calcanhares sejam mordidos. E há várias formas de se tentar alcançar esse objetivo. Uma delas é tentar selecionar os cães de guarda mais dóceis e carreiristas para chefiar a matilha, já que, não podemos esquecer, os chefes da PF e do MPF são escolhidos pelo mandatário do Poder Executivo. E, ao menos em relação à PF, há uma inquestionável relação de hierarquia.* Os governantes têm o hábito de olhar para suas polícias como um órgão de governo, mas se esse olhar enviesado contaminar o chefe de polícia, se ele acreditar que pertence de fato ao governo que o escolheu, teremos problemas graves. É preciso que esse fator esteja sempre sob vigilância da população. O chefe, por sua vez, deve ter a consciência de comandar um órgão de Estado.

Outra forma de coibir o verdadeiro trabalho da PF é "matá-la de fome", asfixiar o aparelho encarregado da persecução penal, cortando verbas para deslocamentos, combustível ou novos concursos, por exemplo. Como delegados, vivemos incontáveis situações em que o arrocho de recursos apareceu disfarçado sob os mais diferentes pretextos. Os órgãos de persecução estão entre os

---

* Isso se altera apenas nos casos das atividades da Polícia Judiciária (PJ), em que os policiais se reportam diretamente ao Poder Judiciário na execução de mandados de busca e apreensão, condução de testemunhas e mandados de prisão.

mais lucrativos do Estado em relação ao seu custo e aos recursos que podem recuperar. Apenas o valor devolvido pelo ex-gerente da Petrobras Pedro Barusco, de aproximadamente 100 milhões de dólares, seria suficiente para custear o salário mensal de mais de 13 mil delegados federais em final de carreira.

A terceira forma de desviar a PF de uma de suas principais funções é o mote deste capítulo: a guerra às drogas, a distração mais comum e que atrai menos suspeitas. Usando a mesma analogia: a invenção de brincadeiras para que os cães se desviem e não os mordam tanto.

Os figurões que comandam o crime institucionalizado no Brasil adoram a guerra às drogas e ficam muito agradecidos com o nosso empenho constante nessa atividade dispersiva. Além disso, contam com o apoio popular, que vai ao encontro da irresistível vocação dos políticos para a demagogia. É muito difundida a ideia de que a apreensão de drogas se relaciona de modo direto à diminuição da violência, o que não é necessariamente verdade. Esse discurso faz sucesso com grande parcela da sociedade e se encaixa como uma luva na lógica de que se perde muito tempo prendendo corruptos enquanto a violência aumenta por falta de combate ao tráfico.

Além de demagógico, esse discurso enfraquece os esforços e recursos da PF, historicamente sempre muito inferiores à infindável demanda gerada por um país onde o crime muitas vezes é a regra.

DESVIO DE PRIORIDADES

Jorge Pontes: Há pelo menos quatro décadas a PF "se distrai" com o combate ao tráfico de drogas. Destina tempo e recursos para perseguir traficantes de maconha no sertão nordestino e de cocaína no Norte, no Centro-Oeste e no Sudeste quando poderia se concentrar em investigações de fraudes faraônicas cometidas com dinheiro público, buscando rastros de lavagem de capitais e de corrupção de políticos e altos funcionários públicos dessas mesmas regiões.

Em várias unidades da PF, grande parte dos canais de interceptação telefônica é utilizada para reprimir o tráfico de maconha de baixa qualidade. Já testemunhamos casos de operações anticorrupção com dificuldade para iniciar escutas telefônicas de agentes suspeitos porque os policiais estavam ocupados com investigações sobre venda de maconha no varejo.

Uma das situações mais emblemáticas pelas quais passei, que constata como as atividades de repressão aos entorpecentes são dispersivas demais para a PF, aconteceu quando eu era superintendente da PF de Pernambuco. Ao chegar lá, encontrei a unidade realizando poucas atividades de polícia judiciária, como mandados de busca e de prisão. Minha intenção era promover uma sequência de operações repressivas que sacudissem a alta criminalidade do estado e, ao mesmo tempo, motivassem aquela equipe, que tinha enorme capacidade. Para isso, incentivei os delegados a tentarem identificar inquéritos com potencial de atingir grandes esquemas.

Numa reunião, um pequeno grupo de delegados me apresentou investigações promissoras, e naquele momento me deparei, como chefe, com empecilhos burocráticos que desviavam nosso trabalho de sua prioridade. Estavam no meu gabinete, sentados à mesa, a chefe da área de repressão aos crimes previdenciários, com um inquérito com grandes possibilidades de ações repressivas; a delegada encarregada dos crimes contra o meio ambiente e patrimônio histórico, com um importante caso sobre extração criminosa e contrabando de corais (vivos) orquestrados por uma quadrilha que alimentava o comércio mundial de aquários de água salgada; e o delegado Barroso, chefe da DRE.

Como em qualquer grande inquérito na época, precisaríamos lançar mão de interceptação de telefones dos inúmeros alvos envolvidos. Isso justificava a presença do delegado Barroso: como chefe da DRE, ele também atuava como uma espécie de administrador dos equipamentos que operavam as interceptações, usadas quase que exclusivamente contra o tráfico de drogas.

As demais delegacias, que cuidavam de outros temas, dependiam do delegado quando tinham de utilizar interceptações telefônicas. À época, dispúnhamos na PF de Recife de algo em torno de seiscentos a oitocentos canais para monitorar números de telefones com dois equipamentos disponíveis: Bedin e Wytron. Quase todos estavam dedicados ao combate do comércio de maconha, uma desproporção.

Em nossa reunião, quando as delegadas discorreram sobre as suas necessidades em termos de canais de monitoramento, Barroso franziu a testa. Percebi que teria de intervir para garantir condições de trabalho a todos. O delegado alegou que não havia canais disponíveis para atender à demanda de suas colegas, ensaiando uma recusa em abdicar de alguns para os novos inquéritos. Ele argumentou que eram casos em andamento e que parte do equipamento fora adquirida com verba "carimbada" dos Estados Unidos, em acordo firmado com a Drug Enforcement Administration (DEA), o órgão americano de repressão ao narcotráfico, e que, por essa razão, mesmo se eu quisesse, não poderíamos mudar sua finalidade.

A conversa virou um cabo de guerra pelos canais de interceptação telefônica. Recém-chegado e não querendo ser autoritário, procurei ser cuidadoso e apenas mediar a disputa. Tinha a preocupação de que chegássemos a um consenso, e não queria desprestigiar um dos integrantes da minha equipe em benefício dos outros. Da maneira como o delegado Barroso tratou a questão, como se houvesse um quinhão do sistema que era exclusivo de sua delegacia, tive que interferir de forma assertiva. Era uma boa oportunidade, ainda, para esclarecer que o combate aos grandes esquemas de corrupção seria a prioridade da nossa superintendência, como acredito que deve ser da PF como um todo.

Determinei que os canais necessários fossem liberados o quanto antes para os inquéritos sobre crimes ambientais e corrupção. Em seguida, fui à juíza responsável por grande parte dos monitoramentos conduzidos pela DRE de Pernambuco, pois essas investigações não focavam o tráfico internacional de drogas, que seria competência da Justiça Federal. A juíza concordou em encerrar algumas delas, e conseguimos finalmente equilibrar a administração dos canais de interceptação.

Em conversas com colegas, vi que o mesmo problema ocorria em outros lugares. É um caso comum, que se repete há anos em várias superintendências estaduais, e está longe de terminar, de desproporcionalidade no emprego de recursos humanos e materiais da PF.

MAIS ATRIBUIÇÕES, MENOS POLICIAIS

Como já mencionamos, os erros de prioridade material não são os únicos. Numa instituição com enorme déficit de pessoal como a PF, a linha estratégica de trabalho se torna primordial. Em março de 2018, o Sindicato de Delegados da PF do Estado de São Paulo fez um requerimento de informações à corporação sobre a defasagem de policiais em todo o país. O levantamento, realizado pelo Departamento de Gestão de Pessoal, apontou um déficit de 628 delegados, ou seja, 628 cargos em aberto, que não foram preenchidos graças à demora na realização de concursos e na efetivação dos policiais aprovados.

No mesmo mês, eram pouco menos de 1700 delegados na ativa; a diferença correspondia a mais de um terço do efetivo em ação. No caso dos agentes federais, segundo o mesmo levantamento, eram 2242 vagas não preenchidas, e o mesmo se repetia nas demais categorias da corporação: escrivães (917), peritos (107), papiloscopistas (116) e agentes administrativos (387), conforme noticiaram o site G1 e a revista *Época*.[2]

Nosso efetivo hoje é o mesmo de dez ou doze anos atrás, mas com muito mais atribuições. Esse é o principal motivo por que policiais em serviço precisam se concentrar na perseguição a crimes com grande impacto na vida nacional.

Seria um enorme ganho para a população se conseguíssemos otimizar o trabalho de repressão às drogas. O ideal seria que aos poucos deixássemos para trás os trabalhos de repressão nos moldes do kit caminhoneiro e nos focássemos na "visão capitalista" da repressão ao tráfico, como já defendia o delegado Getúlio Bezerra, um dos precursores do combate ao crime organizado na PF. O aprimoramento da repressão ao tráfico de drogas abriria mais espaço ao combate à corrupção política, ao desvio de verbas públicas, à lavagem de dinheiro e aos crimes ambientais, como forma de proteger os interesses coletivos e beneficiar a sociedade.

É bem provável que essa atividade "distrativa" venha sendo planejada e plantada há décadas por aqueles que fazem a boiada passar ao largo do boi de piranha. A "indústria da proibição" é uma atividade lucrativa, e quem mais ganha com o controle do mercado paralelo costuma ser aquele que mais se empenha contra sua legalização. Um dos exemplos mais recentes é o do bicheiro goiano Carlinhos Cachoeira, que lutou de forma ferrenha contra a legalização dos jogos de azar.

Nossa população carcerária é a terceira maior do mundo, com 726 mil presos, em estatística de junho de 2016 divulgada pelo Departamento Penitenciário Nacional (Depen), do Ministério da Justiça.[3] Desse total, os crimes ligados ao tráfico de drogas aparecem como os que mais levam à cadeia (28% dos detentos). Quase a metade (40%) de toda a população carcerária é de presos que ainda não estão cumprindo a pena determinada por condenações judiciais. Boa parte deles foi presa em "flagrantes" de tráfico de pequenas quantidades de maconha ou cocaína. Essa é a constatação da máxima de que no Brasil prende-se muito, mas prende-se mal.

No entanto, o número de presos por corrupção é ínfimo, não chega a 0,2% do total. O reforço na repressão aos corruptos elevaria esse percentual e, consequentemente, funcionaria como elemento intimidador, diminuindo a sensação de impunidade generalizada no país.

Com mais repressão a tais crimes e mais divisas recuperadas e poupadas, muitos programas de apoio a dependentes de drogas poderiam ser bem-sucedidos, muitos hospitais poderiam ser construídos e equipados. Se pararmos de gastar o equivalente a três pontes para construirmos uma, se diminuirmos a crônica incidência de fraudes nas licitações públicas, sobrarão muitos recursos para projetos em prol da sociedade.

A guerra às drogas é prima-irmã da malfadada Lei Seca, que vigorou de 1920 a 1933 nos Estados Unidos. Tudo o que a guerra às drogas traz de efeito colateral foi experimentado pela Lei Seca. O vício em drogas é um problema que deve ser prevenido com políticas sociais, e não resolvido com uma guerra militarizada que gera danos colaterais de altíssimas proporções e mais prejuízos do que o próprio mal que se combate.

Apesar de se encontrar entre as atribuições constitucionais da PF, está bem claro que a repressão às drogas, da forma como é feita hoje, consiste em uma espécie de "enxugação" de gelo, uma batalha sem fim que talvez atinja mais inocentes do que culpados. Com a deflagração do comércio ilegal, a proibição também gera uma infinidade de delitos "de suporte" ao tráfico. Sem a pretensão de esgotá-los, citamos como crimes "derivados" o tráfico de armas, a corrupção de menores, homicídios, furtos, roubos, lavagem de fundos e corrupção de policiais, juízes e políticos. O tráfico de drogas é também transversal a várias atividades, catalisando e potencializando diversas outras práticas ilegais. Enquanto não houver uma política nacional que pense realisticamente sobre o assunto, enxugar gelo continuará sendo tão frequente quanto inútil.

Sabemos, no entanto, que essa é uma questão cultural na própria corporação. Quando entramos na PF — eu no final da década de 1980 e o Márcio no início dos anos 2000 —, a obsessão era a droga. A polícia vivia em função disso, ainda mais nas delegacias de fronteira. Interessava até menos se você prendia ou não alguém. Impreterível era alimentar as estatísticas de apreensão, comumente controladas pelo chefe da delegacia. Na academia, o sonho dos policiais em formação era prender traficantes — quem queria alguma coisa diferente era considerado "almofadinha".

Mesmo no combate a esse tipo de crime, havia uma ineficiência por falta de planejamento, de uma política. Não havia uma estratégia para descapitalizar as organizações do tráfico. As investigações sobre a lavagem de dinheiro oriunda do tráfico eram raras, sobretudo pelo estímulo à corrida pelas apreensões de droga. Não se costumava ir atrás do dinheiro. Entre outros motivos, porque esse é um processo muito mais trabalhoso.

Vigorava a lógica absurda de apreender a mula, o motorista que transporta a droga, que no dia seguinte seria substituído pela organização criminosa. Com frequência, éramos enganados e prendíamos uma mula com quantidade menor de substâncias proibidas, o boi de piranha, enquanto a carga maior passava pelo controle policial. O tamanho da nossa fronteira, somado ao parco efetivo policial ao longo das divisas, torna impossível fiscalizar tudo.

No entanto, a questionável política de guerra às drogas não é a única culpada por desvirtuar a energia da PF. Às vezes, até mesmo boas iniciativas podem acabar contribuindo para a distração do esforço policial. Foi o que aconteceu com o Projeto Carbono Neutro, instituído pela sede brasileira do Greenhouse Gas Protocol (GHGP), uma iniciativa internacional de medição de emissão de gases poluentes. Numa parceria entre ONGs que atuam na área de desenvolvimento sustentável e o Ministério do Meio Ambiente, o Carbono Neutro tinha o objetivo de mapear e ajudar reduzir a poluição por gases que provocam o efeito estufa.

Levantamentos periciais aferiam dados como o consumo de combustíveis em veículos e gastos de energia elétrica de diversas empresas ou unidades da administração pública que participassem do programa. Era assim que se calculava a poluição gerada, e até a quantidade de árvores que precisariam ser plantadas para compensar as emissões de carbono ocorridas no ano imediatamente anterior. Um programa positivo, que chegou a ser premiado como exemplo de boas práticas ambientais.

Por iniciativa da direção-geral, a PF foi o primeiro órgão público a aderir ao Carbono Neutro, e fechou parceria para participar do programa. Nossos peritos criminais atuavam no trabalho científico de medição da emissão de gases, e nossas viaturas, embarcações e aeronaves participavam do trabalho de campo.

Era aí que estava o problema. Quem ficou encarregado de promover o plantio de milhares de mudinhas de diversas espécies nativas foram justamente as DELEMAPHs, unidades especializadas na repressão aos crimes ambientais presentes nas 27 superintendências regionais. Os plantios de compensação eram feitos por agentes e delegados federais em escolas primárias espalhadas por todo o Brasil, e a coordenação dessas atividades foi confiada à DMAPH, ligada ao comando da corporação.

Como era um projeto relacionado ao meio ambiente e a PF estava demonstrando, com o ineditismo da medida, sua consciência e responsabilidade socioambientais, quase todos comemoraram. Mas, com o passar do tempo, foi possível notar um efeito colateral bastante prejudicial: a atividade repressiva aos crimes ambientais das delegacias especializadas havia sido reduzida drasticamente, pois não se fazia outra coisa que não fosse administrar os plantios das mudas. As principais demandas das DELEMAPHs eram muitas vezes negligenciadas por causa de um projeto que não era da nossa atribuição.

O Carbono Neutro inegavelmente ajudava a lustrar a imagem da PF, mas era motivo de alegria para os grandes grupos criminosos da área ambiental. Neutralizava as emissões de carbono, mas também a missão primordial das DELEMAPHs.

Esse é um bom exemplo de como a PF costuma operar no seu limite. Ao se agregar qualquer nova missão, outras funções ficam comprometidas. No combate ao tráfico, no entanto, a questão é muito mais grave. A distração das forças policiais é duplamente útil ao crime institucionalizado. Tanto internamente, pela capacidade de desvirtuar o aparato policial para outras direções, quanto externamente, por criar um discurso bem aceito socialmente.

É necessário debater as melhores formas de alterar essa situação.

5. Do crime organizado ao institucionalizado

> *Não importa quão alto você esteja,*
> *a lei ainda está acima de você.*[1]
> Sergio Moro, ministro da Justiça e ex-juiz
> federal da 13ª Vara Criminal de Curitiba, em
> versão livre da frase de Thomas Fuller

Jorge Pontes e Márcio Anselmo: Em 1988, a Organização das Nações Unidas (ONU), reunida em Viena, na Áustria, lançou um de seus documentos internacionais mais importantes em matéria criminal. A Convenção contra o Tráfico Ilícito de Entorpecentes e Substâncias Psicotrópicas, mais conhecida como Convenção de Viena, é fruto da preocupação do mundo com o tráfico de drogas e o grande volume de dinheiro que esse mercado faz circular.

Naquela ocasião, pensando em alternativas para combater o tráfico, os países signatários se comprometeram a tornar crime — em seus domínios legais e territoriais — uma prática que fomentava essas ações: a lavagem de dinheiro. Foi a primeira vez que se assumiu um compromisso como esse num documento dessa envergadura. Entre 25 de novembro e 20 de dezembro daquele mesmo ano, inúmeros países se reuniram para discuti-lo, entre eles o Brasil. Apenas três anos depois, no decreto de 26 de junho de 1991, a convenção foi promulgada pelo presidente da República, à época Fernando Collor de Mello, e aprovada pelo Congresso Nacional.[2] Em 2000, a ONU promoveu a Convenção das Nações Unidas contra o Crime Organizado Transnacional, conhecida como Convenção de Palermo, que, num aprofundamento das deliberações anteriores, impunha que países signatários combatessem a lavagem de dinheiro. O texto da convenção trazia, por exemplo, a definição de "grupo criminoso organizado":

> Grupo estruturado de três ou mais pessoas, existente há algum tempo e atuando concertadamente com o propósito de cometer uma ou mais infrações graves ou enunciadas na presente Convenção, com a intenção de obter, direta ou indiretamente, um benefício econômico ou outro benefício material.[3]

Quatro anos depois, em 2004, o Brasil ratificou a convenção, e a criminalização da lavagem de dinheiro — agora para todo tipo de crime financeiro — ganhou força de lei interna por decreto do então presidente Lula. A lógica da convenção, mais uma vez, era atacar o grupo criminoso pelo seu patrimônio. A asfixia financeira no combate a essas organizações era um mantra nas aulas sobre Organização Criminosa (Orcrim) na Academia Nacional de Polícia. Como professor, a academia contava com o delegado Getúlio Bezerra, um dos expoentes da velha geração de delegados da PF, que, nos anos 2000, era diretor de Combate ao Crime Organizado.

No Brasil, o delegado Getúlio foi um dos precursores da ideia de descapitalização das organizações criminosas como método mais efetivo de enfrentá-las, e foi responsável por difundi-la. Deu aulas a quase todos que ingressaram na PF a partir da virada do milênio, e fazia questão de bater nesta tecla: atacar o crime organizado por onde ele seria vulnerável — o lucro. Por causa da capacidade de trabalho e de seu perfil incomum, Bezerra se tornou um ícone da PF. Ele conseguia ser cosmopolita sem perder o jeitão regional e tinha um jeito casual tanto no comportamento quanto nos paletós. Era um policial com um pensamento muito abrangente, e por isso era respeitado pela DEA, pelo MPF e pelos magistrados federais. Certa vez, numa sala de aula, enquanto Getúlio apresentava sua visão capitalista da repressão policial e afirmava que os policiais deveriam ter obsessão pelos criminosos mais ricos e poderosos, um aluno, de implicância, disse que na localidade em que atuava só havia "pé de chinelo". Getúlio de imediato retrucou:

— Então que foque em quem calça o chinelo maior.

Embora o Brasil já tivesse assumido o compromisso internacional de combater o crime organizado, foi somente em 2013, já no governo de Dilma Rousseff, que o país passou a ter um arcabouço legal minimamente estruturado para enfrentar essas organizações. Até então, a investigação desses grupos era regulada pela lei da época do governo Fernando Henrique, bastante concisa para a importância do tema. Por não trazer a tipificação de condutas a respeito das ações das organizações criminosas, era uma lei de difícil aplicação por dar margem a muita contestação.

Os meses de junho e julho de 2013 foram marcados pelos protestos maciços da população, inicialmente contra o aumento nas tarifas de transporte coletivo, mas que acabaram gerando a maior onda de manifestações desde a campanha das Diretas Já, em 1984. Os atos de junho influenciaram certa "agenda positiva" no Congresso, impelindo os parlamentares a aprovarem projetos que respondessem a alguns dos anseios populares. Nesse contexto, foi aprovada a atual Lei do Crime Organizado, que trata, por exemplo, da delação premiada — instrumento bastante utilizado nos anos seguintes para alcançar o alto escalão do crime no país.[4]

Sobre essa lei, é curioso lembrar a ocasião em que os executivos do grupo J&F — holding que controla a empresa JBS —, Ricardo Saud e Joesley Batista, citam uma fala do então ministro da Justiça, José Eduardo Cardozo.[5] Em diálogo gravado e entregue ao MPF, Saud e Joesley se lembram de uma revelação que Cardozo lhes teria feito. O ministro teria dito que ele próprio, Cardozo, e a então presidente Dilma Rousseff tinham se sentido enganados na aprovação dessa lei, que, no entendimento deles, "era para o crime organizado e para o narcotráfico". O objetivo de Dilma e Cardozo ao promulgar a lei era aumentar o rigor contra as organizações criminosas ligadas ao tráfico de drogas. Na época da aprovação, mal podiam imaginar que ela serviria ao grande processo de depuração pelo qual o país passaria ao longo dos anos seguintes, e que atingiria diretamente o governo. Nesse momento, o ex-ministro da Justiça José Eduardo Cardozo teria assumido claramente a existência de uma delinquência ainda "acima" do crime organizado e que era, até então, inalcançável pelo aparato legal e persecutório disponível. Essa passagem é emblemática para o reconhecimento da existência do crime institucionalizado como estágio organizacional superior ao crime organizado convencional.

De fato, o crime organizado é marcado por sua estrutura empresarial. É uma faceta da criminalidade voltada para o lucro, que funciona como uma grande empresa, com divisão de tarefas, atuação planejada etc. Por atuar à margem da lei, sua cadeia hierárquica é bem definida, mas oculta. Os integrantes dessas organizações só conhecem as pessoas ligadas diretamente a sua atividade, abaixo ou acima da estrutura hierárquica, e por isso são poucos os que têm acesso ao *capo*.

A internacionalização é outro aspecto importante dessas empresas. Assim como as companhias que atuam em vários países, essas organizações viram multinacionais do crime e se especializam em algumas atividades em determinadas jurisdições, adaptando a prática delituosa ao conjunto legal mais ou menos rigoroso de cada região. São diversas as atividades criminosas: tráfico de drogas, armas, pessoas, animais silvestres, objetos arqueológicos, órgãos humanos e até mesmo a lavagem de dinheiro como um fim em si mesma, que é quando uma organização existe apenas para legalizar os recursos de outros grupos.

Em geral, cada grupo se especializa em um campo de atuação, ganhando expertise e destaque entre seus pares. Essa forma de organização garante anonimato ao chefe e, assim, ele é protegido de investigações ordinárias. A estrutura do crime organizado é facilmente associada ao fenômeno da máfia, com inúmeros exemplos internacionais, como a máfia de Nova York, a japonesa, a russa e as italianas.

Analisando por uma perspectiva histórica, como aconteceu na Itália, por exemplo, essas organizações encontraram em setores do Estado uma forma de perpetuar seu poder e buscaram suas raízes também no poder político.

A PLATAFORMA OFICIAL

O crime institucionalizado é um sistema de fraudes abençoado pelo poder central do país e sustentado por uma rede de apoio que percorre os Três Poderes do Estado. Se investigações policiais e decisões judiciais popularizaram o jargão Orcrim, agora é necessário fazer a distinção entre ele e o Incrim (o crime institucionalizado).

Ao contrário da organização criminosa "convencional", o crime institucionalizado não está atrelado a atividades escancaradamente ilegais, como o tráfico de drogas, de armas, a prostituição, o tráfico de pessoas ou o jogo ilegal. Esse tipo de crime está entranhado, na verdade, na plataforma oficial: nas três esferas (no caso brasileiro, a partir do Executivo federal), no estamento público, nos ministérios e nas secretarias da República, nas atividades legislativas e normativas, nas empresas públicas, nas estatais, na política partidária e nas regras eleitorais para prospectar e desviar recursos do erário.

O faturamento desse crime provém dos contratos de serviços e obras, das concorrências públicas, dos aluguéis de prédios para órgãos estatais, dos repasses para programas de governo, inclusive para ONGs. É uma atividade infinitamente mais lucrativa e segura do que qualquer negócio ilegal convencional.

Enquanto o crime organizado "tradicional" viceja graças à letargia e à omissão dos homens públicos, o crime institucionalizado é fruto de uma ação estruturada e articulada por grupos que comandam determinado setor, companhia estatal ou unidade pública.

Comandar de forma criminosa um setor governamental, uma grande e lucrativa estatal ou uma empresa pública de porte, porém, ainda não produziria, por si só, a diferenciação entre a Incrim, como a entendemos, e a Orcrim. Basta lembrar a frase do então presidente da Câmara dos Deputados, Severino Cavalcanti, do PP de Pernambuco, ao insistir com a então ministra de Minas e Energia, Dilma Rousseff, em colocar um afilhado na diretoria de exploração e produção da Petrobras: "O que o presidente [Lula] me ofereceu foi aquela diretoria que fura poço e acha petróleo.

É essa que eu quero".⁶ O fenômeno que estamos caracterizando conta necessariamente com braços nos Três Poderes da República e se consagra quando sua interferência atua em favor do sistema criminoso, seja legislando em prol dos esquemas (no caso do Poder Legislativo), seja julgando de forma benevolente (no caso do Poder Judiciário) os envolvidos que são pegos pela polícia e pelo MP.

Poderíamos tentar definir a delinquência institucionalizada como os crimes cometidos por um grupo em posição *central* e privilegiada dentro do poder público e dos establishments estatal e empresarial. Esses crimes lançam mão, de forma estruturante, dos arcabouços governamentais e da oficialidade sobre a qual detêm comando, implicando a capacidade de influência sobre mais de um dos Três Poderes da República. Enquanto o crime organizado, por mais sofisticado e poderoso que seja, é sempre levado a cabo nas sombras, na marginalidade, o crime institucionalizado, por outro lado, é estabelecido no núcleo do poder, nas estruturas oficiais dos governos, e protagonizado por quem detém autoridade formal.

Se as atividades principais de uma Orcrim são irrefutavelmente ilegais, o crime institucionalizado, por sua vez, desvirtua e corrompe práticas ordinárias da sociedade e dos governos — desde a contratação de uma empreiteira para construir uma ponte até uma refinaria, ou ainda negócios permanentemente renováveis, como a limpeza urbana, por exemplo.

Na investigação dos delitos comuns, costumamos aplicar uma máxima consagrada em romances policiais: *"cherchez la femme"* [procure a mulher], uma expressão francesa que aponta razões passionais para os assassinatos dos livros de suspense. Nos inquéritos sobre a delinquência organizada convencional, temos o costume de adaptar a frase para *"cherchez l'argent"* [procure o dinheiro], ou, numa expressão similar, "*follow the money*". No caso do crime institucionalizado, teríamos de colocar em prática, além dos dois primeiros, um novo conceito, o de "*cherchez le stylo*" [procure a caneta]. Quando estamos lidando com esse tipo de prática, além de "*cherchez l'argent*", precisamos rastrear, conhecer e responsabilizar as autoridades políticas que assinaram a nomeação do gestor encarregado de fraudar e desviar os recursos públicos.

O poder de nomear autoridades é um bom exemplo da diferença de alcance desses dois tipos de crime. Enquanto o organizado coopta ou, quando muito, infiltra um agente numa unidade policial, num posto de fiscalização na fronteira ou num aeroporto, o institucionalizado indica e nomeia, com a devida publicação em diários oficiais, dezenas de autoridades que servem aos seus propósitos tanto na empreitada criminosa em si como na tomada de medidas que garantem a impunidade desses grupos, nos Três Poderes da República.

O *Diário Oficial* e a caneta do alto escalão do governo formam a mais instrumental de todas as suas armas. É o poder de nomear tanto um ministro que vai pilotar um grande esquema fraudulento num ministério como o de exonerar um diretor-geral da PF que não se mostra "sensível e colaborativo" aos projetos governamentais. O "dono da caneta" nomeia ministros do Tribunal de Contas da União (TCU) e dos tribunais superiores. É com ela que o Poder Executivo opera a influência em outros poderes, indicando, em última instância, até mesmo os responsáveis por julgá-lo.

Outro ponto importante dessa questão é que o crime institucionalizado, com seus exércitos de nomeados em cargos e funções estratégicas, tem o poder de elaborar e promulgar normas administrativas, e até leis, que facilitem sua própria consecução. Enquanto organizações criminosas convencionais se servem de ameaças e violência explícita contra os adversários, o crime institucionalizado promove vinganças legislativas contra aqueles que se põem em seu caminho. Elas se consumam com a elaboração de projetos de lei que buscam inibir ou dificultar o trabalho dos investigadores. Projetos que ampliam e agravam o espectro do crime de abuso de autoridade[7] ou que obrigam os investigadores a avisar com três dias úteis de antecedência a realização das diligências policiais, limitando ainda as investigações ao prazo de 24 meses, ou tentativas de proibir acordos de delação premiada se o colaborador estiver preso[8] são exemplos do poder e domínio desse tipo de crime. Nenhum deles, felizmente, foi aprovado.

Com a Lava Jato, parte da elite política brasileira, sentindo-se ameaçada pelo cerco da Justiça, colocou em andamento esses projetos de lei na tentativa de intimidar promotores, juízes e policiais federais. Em nenhum momento o Parlamento brasileiro engajou-se em iniciativas para fortalecer a investigação criminal ou as autoridades de *law enforcement*, e sim o contrário.

Além disso, as vendetas administrativas, ainda mais comuns do que as legislativas, promovem a transferência ou remoção de investigadores, a troca de chefias e os cortes ou contingenciamentos nos orçamentos das agências encarregadas da persecução penal.

A título de exemplo, temos um caso recente de extinção de uma delegacia estadual que investigava crimes de corrupção após investigações alcançarem autoridades públicas, na contramão da história e dos anseios da população de redução da corrupção.[9]

A territorialidade das condutas criminosas é ainda outra diferença entre esses dois modelos organizacionais. O crime organizado mapeia os quadrantes das cidades, demarcando regiões e esquinas, delimitando suas áreas de ação; o crime institucionalizado, por outro lado, demarca cargos, estatais, ministérios e secretarias de obras, assim como megaeventos esportivos internacionais.

A CASA CIVIL COMO HOLDING DO SISTEMA

É difícil assinalar um momento de gênese, da implementação, no Estado brasileiro, dessa institucionalização do crime; o período em que a histórica deterioração da administração pública pela corrupção evoluiu para esse estágio no país. É de entendimento comum que a dilapidação do erário no Brasil é endêmica e pode ter suas raízes também nos costumes, na cultura nacional. A noção de que a coisa pública, em vez de ser "de todos", é "de ninguém" traz implícita a lógica de que é menos grave se apropriar dela. A corrupção é aceita como o *business as usual* nas relações empresariais com o setor público.

Em paralelo a essa cultura de complacência com a corrupção, há décadas temos também a prática de um modelo de financiamento eleitoral que propicia que governos e parlamentares já iniciem seus mandatos comprometidos com os financiadores de suas campanhas. Os mais expressivos partidos políticos brasileiros, assim como os seus quadros mais populares, vêm sendo historicamente eleitos e financiados por grandes empresas.

Ministérios, secretarias, empresas estatais e sua infinidade de cargos se tornam objeto de um loteamento que obedece aos acordos traçados na corrida eleitoral precedente. E a máquina de desvios entra em ação para favorecer os mesmos grupos empresariais financiadores, que ajudarão em campanhas futuras, mantendo assim um círculo vicioso.

São esquemas sem distinção ideológica, já que operam em governos de direita e de esquerda. Os partidos políticos funcionam, assim, como quadrilhas ou bandos, como demonstram as descobertas de operações como a Lava Jato e anteriores, e como confirmam as condenações da Justiça.

Do modo como fora realizada até hoje a atividade política se tornou o esteio do crime institucionalizado, pois é ela que oferece as portas de entrada e a tomada de poder de seus membros e operadores. A possibilidade de arrecadar fundos por intermédio de fraudes passa a predominar sobre a filosofia e o ideário partidário. Um loteamento que reproduz, guardadas as proporções, as famílias mafiosas, ao repartirem os bairros de uma grande cidade, fortalecendo o grupo criminoso como um todo.

O caso do mensalão foi ilustrativo de como a formação de uma base aliada no Parlamento pode ser edificada pela corrupção. O inquérito policial que investigou o esquema de mesadas pagas pelo governo petista a parlamentares de diversas agremiações confirma essa vocação dos partidos políticos na consolidação do crime institucionalizado. Não se tratava de um subgrupo de políticos ou de um microcosmo da política ou de determinado partido, tampouco de estrato de seu baixo clero político, mas da alta cúpula partidária, seus cardeais e dirigentes máximos. O delegado da PF Luís Flávio Zampronha, que comandou as investigações do mensalão entre 2005 e 2011, esclarece no relatório final[10] daquele inquérito que a distribuição de recursos era feita para os líderes, isto é, quem recebia as quantias mensais diretamente de Marcos Valério, operador do esquema, eram os cabeças de cada um dos partidos.

O ministro Joaquim Barbosa, relator do processo do mensalão no STF, concluiu diagnóstico semelhante ao de Zampronha: "Os beneficiados dos partidos alheios ao Partido dos Trabalhadores eram os 'chefes das bancadas (parlamentares) ou presidentes de partidos', que influíam sobre os votos proferidos no Congresso".[11]

Ainda em seu relatório final, Zampronha aborda a institucionalização do crime. Ele afirma, no item que explica a estruturação do esquema montado por Marcos Valério, que, para termos a melhor visão de seu funcionamento, deveríamos necessariamente analisar suas dimensões políticas e econômicas. E conclui: "Pode-se afirmar, assim, que partidos políticos estão de certa forma à mercê de interesses particulares, sendo o poder econômico utilizado com frequência para a obtenção de influência política".[12]

Durante o inquérito presidido por Zampronha, foram solicitados a oitiva e esclarecimentos do então presidente da República Luiz Inácio Lula da Silva, mas o pedido não foi corroborado pelo procurador-geral da República da época, Antonio Fernando de Souza. Passada quase uma década do ocorrido, e após a revelação de outros inúmeros escândalos nos governos do Partido dos Trabalhadores (PT), é possível dizer que essa negativa de Antonio Fernando foi um equívoco.

O grau de comprometimento das lideranças partidárias, evidenciando que a corrupção sistêmica não é uma ocorrência "avulsa" no Congresso brasileiro, pode ser medido por diversos outros sintomas. Em dezembro de 2017, tínhamos os principais partidos políticos do país comandados por pessoas investigadas ou denunciadas. Em seus diferentes graus de complexidade, enfrentavam problemas com seus dirigentes máximos: PMDB, PSDB, PT, DEM, PP, PR, PRB, PSD e o Solidariedade. Cardeais da política, como os senadores Aécio Neves (PSDB), Romero Jucá (MDB) e Agripino Maia (DEM), presidiram os seus partidos, inclusive, na condição de alvos de processos criminais por prática de corrupção.

Se a corrupção era endêmica na relação entre Executivo e Legislativo, a plataforma que sofisticou esse organismo se aprimorou no primeiro governo Lula. Nesse ponto, é importante retroceder até as origens do mensalão a fim de entender o "pulo do gato" no grau de institucionalização desse sistema. Do ponto de vista da organização e do funcionamento dentro do aparelho estatal, uma questão é crucial: o engajamento prático, direto, do gabinete da

Casa Civil do governo federal. Pela proximidade com o gabinete presidencial, por sua posição de autoridade, por sua atribuição de coordenar e controlar os demais ministérios e setores do governo, assim como de decidir sobre nomeações para os mais diversos cargos e funções estatais, a Casa Civil pode funcionar como uma espécie de holding dos sistemas de desvios de dinheiro a partir das inúmeras formas de fraudar o orçamento público.

Se nos governos a corrupção era generalizada, temos um "ponto zero" da institucionalização quando um gabinete concentra o loteamento da máquina pública. A sequência de ocupantes da Casa Civil denunciados à Justiça por envolvimento em crimes não é uma coincidência. Os dois mais poderosos foram presos: os ex-ministros José Dirceu e Antonio Palocci. Erenice Guerra,[13] Gleisi Hoffmann,[14] Jaques Wagner[15] e Aloizio Mercadante[16] enfrentam investigações ou processos penais. Depois do impeachment de Dilma, Eliseu Padilha,[17] do MDB, deu sequência à tradição, já denunciado ao STF.

José Dirceu é um caso clássico. Depois de comandar a compra de apoio de partidos a campanhas petistas, ele assumiu a Casa Civil, de onde tratou de comprar apoio parlamentar para os projetos do governo no Congresso, conforme indicou o STF. No voto por sua condenação no julgamento do mensalão, o relator Joaquim Barbosa descreveu sua função: "O acusado era detentor de uma das mais importantes funções da República. Ele conspurcou a função e tomou decisões-chave para sucesso do empreendimento criminoso [...] O conjunto probatório [...] coloca o então ministro da Casa Civil na posição central da organização e da prática, como mandante das promessas de pagamento das vantagens indevidas a parlamentares para apoiar o governo".[18]

Dirceu teve participação central tanto nesse escândalo quanto no petrolão. Neste último, foi o fiador político de nomeações na

Petrobras que eram peças cruciais na engrenagem dos desvios dentro da maior empresa brasileira.

Vale relembrar que a ex-presidente Dilma Rousseff (outra ex-ocupante da Casa Civil), ao perceber o cerco que se armava em desfavor de Lula, nomeou-o exatamente para o cargo de ministro-chefe da Casa Civil.

A centralização dos esquemas no comando do governo formou a essência das condenações de José Dirceu no mensalão e de Lula na Lava Jato. Se, no primeiro escândalo, ficou provado que Dirceu arquitetou a compra de aliados políticos, no segundo mostrou-se que Lula foi reiteradamente corrompido pelas empreiteiras interessadas em obter contratos vantajosos de seu governo.

Essa institucionalização da corrupção no governo federal nos anos petistas pode ser medida ainda pelos altos cargos que políticos denunciados ou condenados ocupavam. Além dos já citados ocupantes da Casa Civil, houve um ministro da Fazenda processado e preso (Antonio Palocci), e outro denunciado (Guido Mantega); um ministro do Planejamento processado e preso preventivamente (Paulo Bernardo); dois tesoureiros presos e condenados (Delúbio Soares e João Vaccari); dois ex-presidentes do partido que viraram réus (José Genoino e Gleisi Hoffmann); outra presidente da República (Dilma Rousseff) sendo investigada; o líder do governo Dilma no Senado, o senador petista Delcídio do Amaral, preso em flagrante por conspirar contra ações da Lava Jato; um diretor do Banco do Brasil (Henrique Pizzolato) e um presidente da Petrobras (Aldemir Bendine) processados e presos.

O PARADOXO DA PF SOB LULA

Há um ponto aparentemente contraditório entre o crescimento do crime institucionalizado e a atuação da PF durante os governos petistas. Por um lado, essa morfologia do crime alcançou seu ponto mais alto com a gestão de José Dirceu na Casa Civil. Por outro, a PF atingiu um nível operacional e uma maturidade institucional nunca antes alcançados. Esse patamar de excelência e resultados desaguou na era das megaoperações, já a partir de 2003.

No centro dessa questão está Márcio Thomaz Bastos, um dos mais influentes advogados criminalistas do país e ministro da Justiça do primeiro governo Lula. Com raras exceções, os ministros da Justiça desses últimos governos passaram a ocupar um lugar de conselheiros de autoridades do governo envolvidas em investigações de corrupção. Thomaz Bastos não fugiu a essa regra: deve-se a ele a elaboração da tese de defesa dos envolvidos no mensalão de que a compra de apoio parlamentar pelo governo Lula, fartamente comprovada pelas investigações e depoimentos à época, não era corrupção, mas apenas transferências de dinheiro para campanhas políticas. Ou seja, tudo se resumiria a caixa dois (crime de falsidade ideológica eleitoral, pois os recursos não haviam sido declarados ao TSE), e não haveria o crime de corrupção.[19]

Anos mais tarde, já fora do governo e atuando como advogado e consultor jurídico, Thomaz Bastos novamente era a cabeça que desenvolvia uma tese conjunta para a defesa dos envolvidos no petrolão. Sua morte, em 2014, em pleno avançar da Lava Jato, desestruturou a linha jurídica de empreiteiras e políticos enredados no esquema.

Mas Thomaz Bastos também tem enorme mérito na estruturação da PF nos últimos quinze anos. Nomeado ministro da Justiça em 2003, passou a ser o chefe hierárquico da PF, a polícia judiciária da União. Indicou para a direção-geral o delegado aposentado Paulo Fernando da Costa Lacerda, que viria a ser um dos melhores chefes que a corporação teve em sua história. Paulo Lacerda foi quem, com a ajuda do delegado e diretor executivo Zulmar Pimentel à época, operou a transformação da PF em uma verdadeira máquina de promover ações policiais de grande porte. Naquele tempo, iniciou-se o *turning point* na repressão à alta corrupção e às fraudes em órgãos públicos, em contraposição à cultura de guerra às drogas como único objetivo da instituição.

A gestão de Paulo Lacerda promoveu concursos públicos e implementou a expertise de planejamento e coordenação operacional, vital para viabilizar ações envolvendo inúmeros alvos com engajamento de centenas de policiais federais. Foi também em sua gestão que o sistema Guardião, de interceptação telefônica, chegou ao auge. Nesse período, houve o desenvolvimento de bases de dados e de ferramentas destinadas à análise e organização de informações operacionais. Alguns desses pontos simplesmente amadureceram durante a "era Paulo Lacerda", outros foram criados nessa época. No saldo, a PF experimentou um salto formidável sob a batuta do delegado escolhido por Thomaz Bastos.

Sobre o eterno diretor-geral da era das megaoperações da PF, eu, Jorge Pontes, tenho guardada na memória a participação no que talvez tenha sido uma de suas últimas missões na corporação. Ele era meu chefe imediato quando eu era superintendente regional em Pernambuco, mas não tínhamos intimidade. Muito sério e reservado, era um exemplo de como deveríamos nos comportar. Não se expunha na mídia e era extremamente discreto. Minhas conversas com ele, nas reuniões de superintendentes, eram pensadas e ensaiadas internamente, para não dar qualquer chance a escorregadas.

Naquela ocasião, em 2007, eu era o mais novo dos 27 chefes regionais da PF. Talvez por isso fosse o mais retraído. Um dia, logo que cheguei a Recife, percebi que não tínhamos nenhuma unidade em Fernando de Noronha. Era talvez o único pedaço de terra brasileira onde não havia a presença da PF. Convoquei os delegados chefes de áreas de repressão a entorpecentes, crimes ambientais e unidade de polícia de imigração e partimos para uma missão de três dias na ilha, a fim de avaliar a necessidade da nossa presença e, se fosse o caso, escolher um bom local para montarmos nossa base.

Voltei a Recife animado com o projeto. Depois de duas semanas de estudos e de trabalho com a autoridade estadual, liguei para o dr. Paulo para perguntar o que ele achava da abertura do posto. A conversa foi tão boa que consegui convencê-lo a fazer uma visita à ilha e ver, in loco, os trabalhos para instalação da nossa unidade insular.

Passados alguns dias, o dr. Paulo me ligou para marcarmos a visita, e ele viajou na companhia do dr. Alciomar Goersch, seu diretor de logística. Passamos dois dias muito agradáveis em Noronha, hospedados na residência oficial do administrador da ilha. Nessa ocasião, pude conhecer um dr. Paulo mais relaxado, muito interessado na preservação do meio ambiente, cosmopolita e conhecedor de vinhos. Tínhamos duas coisas em comum: o vício de torrar ao sol e torcermos pelo Flamengo.

Fizemos reconhecimentos por terra e mar, e ele me confidenciou que aquele momento era um dos poucos em que relaxava no decorrer de vários anos à frente da PF. Esse tempo juntos em Noronha nos aproximou um pouco. O dr. Paulo era um diretor-geral equilibrado e intelectualmente refinado, um homem de gestos tranquilos e fala agradável. Pude perceber o quanto aqueles dois dias lhe serviram como descompressão, e, quando nos despedimos, ele me garantiu que desejava estar presente na inauguração do posto.

No Rio de Janeiro convoquei Alexandre Saraiva, o melhor delegado que tínhamos na área ambiental, e o engajei na missão de montar a toque de caixa a unidade de Fernando de Noronha. Poucos dias depois, o Brasil recebeu a notícia de que o dr. Paulo Lacerda seria substituído na direção-geral da PF.

Obviamente ele não esteve presente na inauguração da nova unidade em Noronha. Eu mesmo quase não consegui comparecer. A bem da verdade, foi meu último ato como chefe daquela regional, e que realizei como concessão especial do novo diretor — afinal, foi um projeto da minha administração. No dia seguinte, voltei a Recife para a posse do meu substituto na superintendência.

A PF não foi a única protagonista desse processo de transformação que originou a Operação Lava Jato e a mais bem-sucedida tentativa de desmonte das oligarquias que operam o crime institucionalizado. A persecução penal funciona num tripé, e, na primeira década dos anos 2000, a Justiça Federal de primeira instância vinha sendo igualmente renovada por concursos. Na mesma época, o MPF, outro ponto desse tripé, chegou a um avançado patamar de amadurecimento dos seus quadros. O mesmo aconteceu com a Receita Federal, órgão cuja colaboração é fundamental para o sucesso de operações que atingem crimes de lavagem de dinheiro.

Ainda nessa época, estruturou-se o Coaf, por muitos anos sob a presidência de Antonio Gustavo Rodrigues. A agência de inteligência financeira brasileira foi fundamental para a política de *"follow the money"* que impactou sensivelmente as investigações ao longo da década. O Coaf é responsável por receber as comunicações de operações suspeitas dos setores obrigados (escolhidos pelo legislador como potencialmente vulneráveis à lavagem de dinheiro, em sua maioria ligados ao mercado financeiro), analisá-las e repassá-las às autoridades de *law enforcement*.

Cabe comentar que se o registro histórico desses tempos incluir a figura de Márcio Thomaz Bastos como um dos principais formuladores das estratégias de defesa de integrantes do crime institucionalizado, também não poderá desconsiderar seu papel decisivo no fortalecimento da PF. Seu engrandecimento nos governos petistas serviu também como discurso para campanhas eleitorais de líderes do partido, a começar pelo ex-presidente Lula. No fim das contas, o governo que mais aperfeiçoou e potencializou a institucionalização da delinquência no país produziu igualmente a transformação e o fortalecimento da instituição, que viria a ser um de seus principais algozes.

Contudo, se podemos creditar a Márcio Thomaz Bastos a acertada escolha do delegado Paulo Lacerda para o comando da PF, não creio que possamos atribuir ao ministro diretamente o sucesso da corporação nos anos que se seguiram. O amadurecimento institucional da polícia, na verdade, se deve a diversos fatores totalmente alheios e fora do controle e da vontade do ministro e dos governos petistas. O fenômeno da globalização ocorrido nos quinze anos que antecederam a chegada do PT ao poder, a consequente internacionalização das nossas atividades, o ingresso maciço de candidatos da classe média na PF, o aumento do número de mulheres em nossos quadros, a evolução das tecnologias de comunicação, entre outros fatores, foram capitais para o processo de evolução pelo qual passou a nossa instituição. Se um dia tiveram a pretensão de controlar a PF, erraram feio.

O ministro Márcio Thomaz Bastos, que tão bem desempenhou o seu papel de consigliere, viu a PF sob seu comando indireto atuar (no bom sentido) de forma incontrolável, para o bem do Brasil e desespero do governo do qual ele fazia parte. O desenrolar desse amadurecimento era algo irrefreável. Esse mesmo fenômeno também ocorreu com outras instituições, como o MPF, a Receita Federal e a Justiça Federal. Nunca mais voltaríamos para "a caixinha". José Eduardo Cardozo certamente experimentou a mesma sensação de impotência ao assistir à PF que ele comandava alvejar mortalmente o governo Dilma Rousseff, com os inquéritos da Lava Jato.

A CORRUPÇÃO SE APROFUNDA E SE INTERNACIONALIZA

Identificar nas administrações do PT o aprofundamento da institucionalização do crime nas esferas governamentais não significa crer que se vivia antes numa democracia imune aos esquemas ilegais, ao contrário. No entanto, governos anteriores aos petistas não tiveram a mesma articulação de centralização da corrupção, e tampouco tiveram a retidão, ou interesse, de combater os esquemas antecedentes. Assim, devem estar sujeitos às mesmas investigações, julgamentos e punições.

A estruturação nos governos anteriores era diferente. Antes do governo Lula, os esquemas de corrupção sistêmica com os quais nos deparávamos eram de menor dimensão, ou menos alastrados, mas as estruturas corruptas que deram origem ao crime institucionalizado eram também milionárias e atingiam as mesmas estatais, com a participação das mesmas empreiteiras e modus operandi similares, historicamente testados e sedimentados.

Os esquemas eram operados em "igrejinhas" erigidas em torno de um cardeal de determinado partido, ou mesmo de um pequeno grupo político. Eram esquemas insulares. As fraudes e os recursos desviados eram destinados invariavelmente ao enriquecimento pessoal e a campanhas eleitorais de interesse desses grupos, mas não de projetos de poder centralizados. Não havia, de forma tão nítida e direta, a plataforma da Casa Civil como holding, controlando e coordenando as negociatas.

O MDB, por exemplo, que desde a redemocratização se mantém como o maior partido brasileiro em representação congressual, teria dois grupos políticos distintos em ação no Congresso. Havia o grupo da Câmara dos Deputados (em que pontificavam Michel Temer, Geddel Vieira Lima, Eliseu Padilha, Henrique Eduardo Alves e, mais recentemente, Eduardo Cunha); e o do Senado Federal (composto por Renan Calheiros, Eunício Oliveira, Romero Jucá, José Sarney e outros). As duas turmas disputavam, como se fossem partidos distintos, espaços nos esquemas e no loteamento da administração pública, segundo confirmaram dezenas de delações de executivos de empresas com contratos com governos.[20]

O PSDB também sempre teve fissuras internas, com os grupos mineiro e paulista atuando de maneira desvinculada (observamos que a Lava Jato e outras operações chegaram a ambos os grupos, mas não conseguiram até hoje assinalar um ponto em comum).

Seria um erro afirmar que esse ou aquele partido ou governo tenha inventado a corrupção no Brasil. É, contudo, igualmente incorreto atribuir o grau de institucionalização da corrupção alcançado pelas administrações petistas aos governos anteriores. O PT não inventou, mas, sobretudo, diferenciou-se em eficácia e efetividade, e um resumo em seis pontos ajuda a entender essa distinção:

1. A centralização e o controle dos desvios, direta e efetivamente, pela Casa Civil da Presidência da República;

2. A supervalorização e a potencialização da Odebrecht e sua enorme capacidade de operar, tanto em suas atividades regulares como na grande corrupção. A empreiteira chegou, nessa época, a se adaptar formal, oficial e corporativamente aos esquemas de propina;

3. A exportação do modelo da corrupção brasileira — dos grandes contratos de obras de infraestrutura — para um grupo de países localizados na América Latina e na África, com a Odebrecht sempre à frente;

4. A tomada de poder, por meio da concessão de linhas de crédito bilionárias com o BNDES, de um grupo de empresas denominadas "campeãs nacionais", elevando-as à condição de gigantes do mercado, ao mesmo tempo que funcionavam como verdadeiros bancos de propinas para os líderes partidários apoiadores do projeto político;

5. O reforço desse modelo com a participação do casal de ouro do marketing político nacional — João Santana e Mônica Moura —, que assumia as campanhas eleitorais desses "amigos" do sistema estabelecido;

6. O loteamento sistemático dos esquemas de corrupção nas estatais com outros partidos da base de apoio ao governo, entregando-os aos caciques de cada um, ou seja, comprometendo os partidos de cima para baixo com o projeto criminoso.

Os itens 3, 4 e 5 correspondem ao que chamamos de "kit bondade", ou pacote completo de institucionalização do crime em âmbito transnacional: implementação de grandes obras de infraestrutura, construídas por grandes empreiteiras brasileiras, com linhas de crédito do BNDES, e, para completar, com João Santana lançando mão de sua genialidade para perpetuação de líderes favoráveis ao regime no poder. É o caso, por exemplo, de Cuba, da República Dominicana, da Venezuela, do Peru e de alguns países da África.

Nas palavras do delegado federal Sérgio Murillo, lotado na unidade de Uberlândia, "[...] teria sido dessa forma que a Casa Civil do governo Lula 'desnaturou' a corrupção tradicional, elevando-a a um novo patamar, e, para isso, contaminando — ou tentando contaminar — todas as instituições com as quais se relacionava". O modelo organizacional e as bases do crime passaram a ser institucionalizados, e o seu vetor se voltou para financiar o partido, com o enriquecimento pessoal sendo uma consequência paralela.

Tivemos pistas, muito antes do primeiro governo Lula, de que já havia, no tabuleiro nacional das práticas políticas, os ingredientes necessários para a institucionalização do crime. Há casos de envergadura envolvendo montantes inimagináveis, como o do Banestado. Ficaram famosos o caso Jorgina de Freitas, de fraude no INSS, o escândalo do Sivam, o dossiê da Pasta Rosa, o dos Precatórios, os casos da Sudam e da Sudene, a construção do prédio do Tribunal Regional do Trabalho (TRT), entre vários outros. No âmbito estadual, houve o caso das irregularidades da expansão do metrô de São Paulo e o escândalo na área fazendária do Rio, conhecido como Propinoduto.

As acusações de compra de votos para a aprovação da emenda constitucional que permitiu a reeleição de Fernando Henrique Cardoso, em 1997, são um caso à parte. Em 14 de maio daquele ano, a *Folha de S.Paulo* noticiou a existência de um áudio em que o então deputado João Maia, do PFL do Acre, afirmava ter vendido seu voto por 200 mil reais para aprovar a emenda da reeleição. Ele dizia que o dinheiro seria providenciado pelo então ministro das Comunicações, Sérgio Motta, do PSDB, e pelo governador do Amazonas, Amazonino Mendes, do PFL.[21]

A emenda constitucional que permitia a reeleição valeu já para as eleições de 1998, ou seja, mudava as regras do jogo com a partida em andamento. Os governadores e o presidente da República, eleitos em 1994, quando a reeleição era proibida, ganharam a chance de disputar mais quatro anos.

Pior do que a ocorrência de todos esses escândalos foi a incapacidade do país de reagir à altura, punindo os autores. Em cada um desses casos, que ganhavam durante meses as manchetes dos jornais, o que se fazia era "mudar para continuar como estava". Essa ineficácia em solucionar definitivamente os crimes do andar de cima se deve, em parte, à lentidão e ao grau de politização dos nossos tribunais superiores e à existência do foro privilegiado.

O COLARINHO-BRANCO E AS TEIAS PARA PEQUENOS INSETOS

As ciências criminais devem ao norte-americano Edwin Sutherland a expressão "crime de colarinho-branco". Em seu célebre artigo escrito nos anos 1930, "White-Collar Criminality",[22] ele define essa modalidade criminosa como um crime cometido por uma pessoa de respeito e posição social elevada, no curso de sua ocupação. Os crimes de colarinho-branco, ao contrário de um homicídio ou de um roubo à mão armada, não podem ser cometidos por qualquer indivíduo da sociedade. É necessária uma habilidade, um posicionamento superior. E a capacidade de estragos financeiros é muito maior, por se tratar de criminosos que movimentam grandes somas.

Embora a formação do que identificamos como crime institucionalizado no Brasil seja, na dimensão que atingiu, um fenômeno muito específico do nosso país, a literatura internacional sobre criminologia ajuda a dimensionar o grau de comprometimento da sociedade quando suas instituições estão corroídas. No mesmo texto, Sutherland aponta o potencial de nocividade desse tipo de transgressão: "O custo financeiro do crime de colarinho-branco é infinitamente maior do que o custo financeiro de todos os delitos que costumam ser considerados crimes comuns".

Outro aspecto interessante abordado pelo americano é a dificuldade que a sociedade tem de observar esses crimes como efetivamente lesivos. Há, muitas vezes, uma visão deturpada em relação a isso. Os perpetradores desse crime, por serem pessoas aparentemente "respeitáveis", como políticos eloquentes e empresários de credibilidade, seguem sendo aceitos pela maioria das pessoas, mesmo depois de terem suas condutas amplamente expostas.

As vítimas primárias dos crimes de colarinho-branco não costumam ser facilmente identificadas pela sociedade. Esses crimes de fraudes, ocorridos em gabinetes refrigerados ou antessalas governamentais, apesar de vitimarem milhões de pessoas, não sujam de sangue — ao menos não diretamente — as mãos de seus autores. No entanto, milhares de mortes em estradas, em hospitais e pela violência poderiam ser evitadas se o orçamento público não fosse tão dilapidado pelo desvio de verbas.

O que se vê, como costuma assinalar o professor Marcus Fabiano Gonçalves, da faculdade de direito da Universidade Federal Fluminense (UFF), é o mito da periculosidade difundindo-se com força pelo imaginário social e sendo confrontado pelo discurso de uma criminologia crítica que, de outro lado, ao já buscar respostas sobre a corrupção, tentou, sem sucesso, reprocessar a nobre ideia da seletividade criminal (de pobres e negros) como tese de defesa advocatícia favorável a políticos e empresários supostamente "perseguidos" como protagonistas de altíssimos danos sociais ligados à criminalidade institucionalizada. Ele afirma ainda que há grande interesse em se manter o debate no âmbito da periculosidade (amplificada inclusive pelo sensacionalismo), uma vez que assim os temas da alta lesividade tornam-se, esses sim, distantes e até imunes à atenção persecutória do direito penal.

Ao publicar o artigo "White-Collar Criminality", Sutherland demonstrou como as leis penais e as decisões que as interpretam são moldadas para poupar os criminosos de colarinho-branco. É impossível não fazer analogia com a situação brasileira e a sequência de reações que o nosso establishment promove contra a Operação Lava Jato.

Em 1949, dezessete anos depois de lançar o artigo sobre a teoria do crime de colarinho-branco, Sutherland desenvolve o raciocínio apresentado nesse primeiro artigo numa obra onde encontramos alguns trechos que parecem ter sido pensados sobre a realidade atual:

> Os interesses dos empresários de deslocaram, em certa medida, da busca por eficiência na produção para a conquista de privilégios especiais do governo. Isso produziu dois efeitos principais. Primeiro, tendeu a "empobrecer" os empresários, assim como pessoas pobres que dependem de privilégios especiais das organizações de bem-estar e só os conseguem por serem "empobrecidas". Segundo, isso tendeu a corromper o governo. De acordo com os estudos da administração municipal, estadual e federal, feitos por Lincoln Steffens na primeira parte deste século, a corrupção e o suborno crescem principalmente a partir de esforços dos empresários para conseguir privilégios especiais. [...] Por causa da pressão destes empresários por privilégios especiais, o sistema democrático tem sido modificado

para cair no controle dos líderes políticos e das máquinas políticas, o que não significa um governo representativo nem um governo eficiente, muito longe da preocupação com os problemas em geral.[23]

O criminologista americano faz uma citação do milionário tubarão das finanças do final do século XIX, Daniel Drew: "A lei é como uma teia de aranha; é feita para a captura de moscas e pequenos insetos, mas, de certa forma, deixa passar as grandes abelhas... Quando as tecnicalidades da lei atravessaram o meu caminho, sempre fui capaz de me livrar delas facilmente".

Um traço evidente de que os poderes não se mexem para resgatar os "insetos pequenos", enquanto ignoram os grandes, foi a decisão do STF, em junho de 2018, sobre as conduções coercitivas. Por um placar apertado, o tribunal decidiu proibir esse importante instrumento de investigação.[24] Com a justificativa de que estão defendendo direitos e garantias individuais, um grupo de ministros da Suprema Corte conseguiu enfraquecer o combate à corrupção sistêmica.

A condução coercitiva é um instrumento jurídico criado para impedir a ocultação de provas e o conchavo entre investigados, sobretudo no momento da deflagração de ações repressivas de alta complexidade. Então, por que só proibiram as conduções coercitivas na época em que ela passou a ser empregada contra empresários e políticos?

Movimento semelhante havia acontecido quando, em 2008, a pretexto de evitar uma "espetacularização" das operações, foi vetado o uso de algemas. Nessa época, o ministro da Justiça Tarso Genro chegou a defender que a PF mudasse o interior dos camburões, pois eram muito desconfortáveis, "quase desumanos". Ficaria muito feio reformar as viaturas só porque um grande número de criminosos com assento nos governos estava sendo atingido. Afinal, havia décadas que transportávamos pessoas daquela forma e nunca ninguém havia observado o quanto nossas viaturas eram desconfortáveis.

Hoje percebemos que a PF, o MPF e um grupo de juízes federais de primeira instância transpuseram essa cidadela de proteção, e agora tais criminosos e seus prepostos e guardiões estão reagindo. Na cabeça dos velhos oligarcas do crime institucionalizado, houve a quebra de um "pacto". O que esse grupo composto de policiais federais, procuradores e alguns juízes federais realiza é uma ousadia, um acinte, na concepção da elite corrupta, tanto que em diversos momentos foram acusados. Sobre essa reação de indignação dos velhos oligarcas, lembramos que um dos candidatos derrotados à Presidência nas eleições de 2018 prometia colocar a Justiça e o MPF "de volta na caixinha",[25] segundo ele para restabelecer a autoridade política.

Em sua obra *Os senhores do crime*, publicada em 2003, Jean Ziegler já ensaiava abordar o que poderia ser considerado uma variante do crime institucionalizado.[26] Ziegler tangencia o nosso fenômeno quando cita Eckhart Werthebach, político alemão que chefiou até 1995 a contraespionagem germânica:

> Para o Estado de direito, o perigo não está no ato criminoso como tal, mas na possibilidade que o crime organizado tem a seu alcance — em vista de seu enorme poderio financeiro — de influenciar permanentemente os processos democráticos de decisão. A consequência mais imediata e visível desta situação é o rápido avanço da corrupção entre os políticos e outros em posição de decidir em nossa sociedade... [...] Por seu gigantesco poderio financeiro, a criminalidade organizada ganha secretamente uma influência cada vez maior em nossa vida econômica, social e política, mas também sobre a Justiça

e a administração pública. Um dia, ela estará em condições de ditar suas normas e seus valores a nossa sociedade [...]. Desse modo, vão gradualmente desaparecendo a independência de nossa Justiça, a credibilidade da política, a confiança nos valores e o poder protetor do Estado de direito. Esta perda de confiança é desejada [pelo crime organizado] [...] No fim, teremos um Estado infiltrado, subvertido, talvez até dirigido pela criminalidade organizada. A corrupção será então considerada um fenômeno inelutável e geralmente aceito.

Werthebach traz a possibilidade de um sequestro do Estado por parte do crime organizado, resultado de um avanço crescente deste sobre o poder público. Não é o mesmo crime institucionalizado de que tratamos aqui, já que ele desenha um arrombamento das paredes governamentais, e não uma tomada de dentro para fora, como ocorre no caso brasileiro. O produto final — corrupção sistêmica e tomada da administração pública e da Justiça — é o mesmo, mas tem origens distintas. De um lado, organizações estruturadas à margem do sistema oficial; de outro, um grupo central que já nasce como nuclear, sem os aspectos da marginalidade.

O modelo brasileiro do crime institucionalizado é muito mais sutil e, sobretudo, construído a partir da atividade política, por isso mais difícil de ser detectado e combatido. Se é na administração do governo e na atuação do Legislativo que se alastra, por definição, o crime institucionalizado, é imprescindível à sua constituição e sobrevivência a participação dos grupos privados.

6. Um dia incomum: a investigação sobre Lula

> [...] *a corrupção impregnou-se no tecido e na intimidade de alguns partidos e instituições estatais, transformando-se em conduta administrativa, degradando a própria dignidade da política, fazendo-a descer ao plano subalterno da delinquência institucional.*[1]
> Celso de Mello, ministro do STF, no julgamento de Fernando Baiano, réu da Operação Lava Jato

Márcio Anselmo: De qualquer aspecto que se analise, a Lava Jato pode ser considerada a principal operação de combate à corrupção da história do país. Se tomarmos o mais prosaico dos recortes — a graduação das autoridades investigadas —, foi a primeira vez em que um ex-presidente da República foi preso por uma condenação judicial em um processo por corrupção.

Quando Lula foi interrogado pela primeira vez como réu numa ação penal, em maio de 2017, eu já não integrava a equipe de delegados da operação. Pouco mais de um ano antes, porém, em março de 2016, acompanhei sua condução coercitiva e, depois, o caso da interceptação telefônica entre ele e sua sucessora, Dilma Rousseff. Ainda naquele ano essa sequência de acontecimentos culminaria, mesmo que indiretamente, no impeachment da presidente.

Essa é uma passagem emblemática da Lava Jato. Por um lado, pelo peso simbólico de ter como alvo a pessoa identificada pelas investigações como chefe da organização criminosa que se instalou no poder. Por outro, principalmente, porque os fatos de fevereiro e março de 2016 são a síntese perfeita de um dos principais preceitos do que classificaremos como crime institucionalizado: a apropriação das instâncias do Estado para bloquear ações de investigação. Nesse caso, houve uma clara tentativa de obstrução da Justiça, aliada à busca por um dos dispositivos que concorrem para a crônica impunidade brasileira: o foro privilegiado.

UM GRAMPO EXPLOSIVO

Após um bom tempo de pesquisa e investigação, constatamos que o ex-presidente Lula, alvo daquela fase da Lava Jato, não tinha telefone. Graças a algumas apreensões e interceptações anteriores, descobrimos que o líder petista usava o telefone de um dos seguranças, o Moraes.* Partimos, então, para o monitoramento telefônico daquele número atrás de provas dos crimes sob investigação.

Na época, o noticiário cobria três casos específicos relacionados ao ex-presidente. Primeiro, o recebimento de milhões de reais de empresas, pagos supostamente a palestras dadas pelo político. Também buscávamos provar a ocultação de propriedade e benfeitorias de dois imóveis: o sítio de Atibaia e o triplex do

---

* Trata-se de Valmir Moraes da Silva, tenente do Exército que atuava na segurança do ex-presidente.

Edifício Solaris, no Guarujá, oferecido pela OAS a Lula no lugar de outro apartamento do mesmo edifício que sua mulher, dona Marisa Letícia, havia comprado ainda na planta.

O elo entre os três acontecimentos eram as construtoras. Segundo a investigação, o pagamento pelas palestras milionárias, a cobertura na orla do Guarujá e as benfeitorias no sítio de Atibaia eram a retribuição pelas vantagens proporcionadas pelo governo Lula às empreiteiras.

Obedecendo à regra número um de toda investigação de corrupção — seguir o dinheiro —, os pagamentos das empreiteiras durante as reformas nos dois imóveis foram mapeados. No processo, o pedido de quebra dos sigilos bancário e fiscal foi aceito pela Justiça, mas a notícia vazou, o que dificultou o trabalho e alertou os investigados.

Depois de algum tempo de investigação, o inquérito estava "maduro". No jargão policial, significa que havíamos concluído a fase "encoberta" da investigação e iniciaríamos a fase ostensiva — geralmente com o pedido ao juiz para autorizar buscas nas residências e empresas dos investigados.

A interceptação telefônica precede a deflagração da operação. Quando começamos a interceptar o telefone de Lula, em fevereiro de 2016, precisamos de poucos dias para ter certeza de que o número de Moraes, o segurança, era o usado por ele.

Agendada para o dia 4 de março de 2016, a Operação Aletheia — palavra grega que pode significar "realidade" ou "busca pela verdade" — seria um marco para a Lava Jato.* Pela primeira

---

* A Operação Aletheia corresponde à 24ª fase da Lava Jato, que investigava se o ex-presidente Lula havia recebido vantagens no triplex do Guarujá e nas reformas do sítio de Atibaia pagos por empreiteiras favorecidas em contratos da Petrobras.

vez, policiais federais bateram à porta de um ex-presidente da República com o objetivo de conduzi-lo coercitivamente para ser ouvido. Como parte do planejamento, autorizado pela Justiça, estava a condução coercitiva do investigado. Naquele momento do inquérito, era fundamental garantir que ele fosse ouvido pelos investigadores sem interferências, já que os áudios colhidos durante a interceptação telefônica indicavam tentativas de impedir ou atrapalhar uma eventual fase ostensiva da investigação.

Aquela madrugada foi um dos momentos mais tensos da operação. Optei por permanecer na "base", em Curitiba, auxiliando a equipe a cuidar de diligências urgentes, se fosse necessário. O delegado Luciano Flores, que presidia o inquérito sobre os pagamentos pelas palestras e as reformas do triplex e do sítio, foi designado para conduzir o depoimento do ex-presidente, sobretudo porque tinha um temperamento tranquilo — talvez o mais "tranquilo" da equipe.

Não era um dia comum. Além do mandado de Lula, havia outras dez conduções coercitivas a serem cumpridas e mais 33 buscas e apreensões. Logo pela manhã, quando as diligências começaram, um fato chamou nossa atenção, e foi algo que eu nunca havia presenciado na minha carreira na PF: nosso sistema de interceptação telefônica, conhecido como Guardião, deixou de receber as chamadas.

Em um momento crucial para a operação, quando as equipes estavam nas ruas, o sistema inexplicavelmente "caiu" em todo o estado do Paraná, e não conseguimos captar um áudio sequer durante toda a madrugada e a manhã do dia seguinte. Às pressas, tive que redigir um pedido para que a Justiça determinasse que as operadoras telefônicas restabelecessem o monitoramento.

O dia em que deflagramos a fase ostensiva de uma operação é muito movimentado. Uma equipe se desloca para as unidades onde haverá diligência enquanto outra permanece na base para atender os imprevistos. Eles ocorrem, por exemplo, quando um endereço não se confirma e é preciso pedir ao juiz sua correção, ou quando um investigado viaja na mesma data. Aquela madrugada não foi diferente.

Ainda havia outra questão preocupante naquela operação: a possibilidade de confronto entre manifestantes contra e a favor da investigação, diante do prédio de Lula, em São Bernardo do Campo. E foi o que acabou acontecendo. Houve protestos no local da busca e apreensão e também no aeroporto de Congonhas, em São Paulo, local escolhido para o ex-presidente depor, e onde o clima realmente "esquentou" por causa das manifestações de ambos os lados.

Como ele não figurava como investigado, decidimos não apreender o celular de Moraes porque, se estivéssemos certos, poderíamos manter a escuta e conseguir provas relevantes à investigação mesmo depois do primeiro depoimento.

Com as escutas, soubemos que, desde a condução coercitiva do ex-presidente, o governo vinha de fato articulando uma saída para salvá-lo. Na manhã do dia 16 de março, a presidente Dilma Rousseff cometeu o que consideramos o mais explícito ato de obstrução até aquele momento: a nomeação de Lula para o Ministério da Casa Civil, no auge da investigação, que lhe daria direito a foro privilegiado e o livraria, pelo menos de imediato, das investigações.

Naquela manhã, a presidente anunciou que Lula substituiria Jaques Wagner como ministro-chefe da Casa Civil. Claro que não se falou de outra coisa no dia. Eu estava almoçando com colegas num restaurante que frequentávamos nos dias mais corridos, no bairro Bacacheri, em Curitiba. Eram exatamente 13h32 quando apareceu no meu celular uma mensagem no grupo do trabalho.

Um dos policiais que atuavam na interceptação telefônica do ex-presidente havia enviado, pedindo que retornássemos imediatamente à base, pois havia acontecido algo no monitoramento telefônico. Quando cheguei, me sentei à frente do computador e coloquei o fone para ouvir o diálogo mais recente da interceptação. Eu lembro que, antes de começar a conversa do ex-presidente, a música "Ah, se eu pudesse", do Tom Jobim, tocou alguns segundos. Logo depois, ouvimos o hoje famoso diálogo entre Lula e sua sucessora:

Dilma: Alô.
Lula: Alô.
Dilma: Lula, deixa eu te falar uma coisa.
Lula: Fala, querida. Ahn.
Dilma: Seguinte, eu tô mandando o Bessias* junto com o papel pra gente ter ele, e só usa em caso de necessidade, que é o termo de posse, tá?!
Lula: Uhum. Tá bom, tá bom.
Dilma: Só isso, você espera aí que ele tá indo aí.
Lula: Tá bom, eu tô aqui, fico aguardando.
Dilma: Tá?!
Lula: Tá bom.
Dilma: Tchau.
Lula: Tchau, querida.

Para nós, a conversa foi a confirmação inequívoca da pressa em tornar Lula ministro de Estado para que tivesse, assim, foro especial. Esse foi um dos momentos mais polêmicos da Lava Jato. Partidários do ex-presidente alegaram que a escuta era ilegal, porque o pedido para o encerramento da interceptação telefônica

---

* Trata-se de Jorge Rodrigo Araújo Messias, na época subchefe de assuntos jurídicos da Casa Civil.

já havia sido deferido no momento da conversa. O pedido, confirmado em nota oficial e assinado por Dilma, viera justamente por causa do anúncio da nomeação de Lula para a Casa Civil. O juiz Sergio Moro, responsável pelo caso, deferiu o pedido, e o delegado Luciano, que recebeu o ofício já na hora do almoço, encaminhou imediatamente a ordem para que a operadora telefônica encerrasse o monitoramento.

No entanto, quem lida com interceptações telefônicas sabe que a companhia telefônica leva algumas horas, até dias, para interromper definitivamente o monitoramento. Foi nesse intervalo que o diálogo entre Lula e Dilma foi captado.

Depois de ouvir a conversa, o delegado Luciano enviou um relatório ao juiz Moro, narrando os fatos. Além disso, o juiz também recebeu um parecer do MPF e, com isso, decidiu levantar o sigilo dos diálogos interceptados.

Na decisão, Moro fundamentou seus argumentos segundo o artigo 5º da Constituição: "Nos termos da Constituição, não há qualquer defesa de intimidade ou interesse social que justifique a manutenção do segredo em relação a elementos probatórios relacionados à investigação de crimes contra a administração pública".[2]

Certamente, essa foi uma das decisões mais complexas de toda a Lava Jato, mas coerente com a regra de publicidade imposta pelo juiz desde o início. Na tarde daquele dia 16, uma edição extra do *Diário Oficial*, publicada por volta das dezenove horas, que vinha corroborar a urgência para garantir foro privilegiado ao investigado, confirmava a nomeação de Lula:

DECRETO DE 16 DE MARÇO DE 2016

A PRESIDENTA DA REPÚBLICA, no uso da atribuição que lhe confere o art. 84, caput, inciso I, da Constituição, resolve NOMEAR

LUIZ INÁCIO LULA DA SILVA para exercer o cargo de Ministro de Estado Chefe da Casa Civil da Presidência da República.
Brasília, 16 de março de 2016; 195º da Independência e 128º da República.
Dilma Rousseff

A publicação de uma edição extra do *Diário Oficial* era um ato incomum, e podia ser visto como mais uma prova de que a intenção era tirar Lula do alcance de uma investigação criminal, uma vez que, na prática, edições extras são utilizadas para publicação de atos normativos urgentes.

O áudio em que a presidente da República mandava o assessor da Casa Civil, Jorge "Bessias", levar o termo de posse ao ex-presidente Lula alastrou-se rapidamente pelo país. Como era um documento público, em minutos a notícia ganhou as manchetes. Ainda no início daquela noite de 16 de março, o diálogo já era executado por trios elétricos em manifestações em várias cidades.

Em Brasília, uma multidão protestou em frente ao Palácio do Planalto. Curitiba estava em ebulição, com centenas de pessoas aglomeradas diante do prédio da Justiça Federal, onde Sergio Moro trabalhava. Não havia espaço nem sequer para estacionar num raio superior a um quilômetro. As manifestações invadiram a madrugada, enquanto o áudio era repetido e repercutia aos quatro cantos do país.

Enquanto isso, o governo seguia seu plano de dar foro privilegiado a Lula. Arrumada às pressas, a cerimônia de posse do ex-presidente como novo ministro-chefe da Casa Civil ocorreu já na manhã seguinte.

Vários trechos do discurso da presidente Dilma Rousseff, alguns reproduzidos a seguir, tocaram diretamente nos fatos ocorridos.

O funcionamento eficiente da Justiça deve estar assentado na produção de provas, sem ceder sua natural preponderância a outros instrumentos; deve estar pautado pelo respeito às garantias constitucionais — e isso eu não me cansarei de repetir: ao direito do cidadão e o respeito a todas as leis vigentes. Afinal, não há Justiça quando delações são tornadas públicas, de forma seletiva, para execração de alguns investigados, e quando depoimentos são transformados em fatos espetaculares. Não há Justiça quando leis são desrespeitadas, e eu repito, a Constituição aviltada. Não há Justiça para os cidadãos quando as garantias constitucionais da própria Presidência da República são violadas.

O Brasil não pode se tornar submisso a uma conjuração que invade as prerrogativas constitucionais da Presidência da República; não porque a presidenta da República seja diferente dos outros cidadãos e cidadãs; mas porque, se ferem prerrogativas da Presidência da República, o que farão com as prerrogativas dos cidadãos?

Em que pese o teor absolutamente republicano do diálogo que eu tive ontem com o ex-presidente Lula, ele foi publicizado com uma interpretação desvirtuada; mudaram tempos de verbo, mudaram "a gente" para "ele", e ocultaram — e eu estou guardando esta assinatura desse termo de posse como uma prova —, ocultaram que o que nós fomos buscar no aeroporto era esta assinatura, que está assinado o presidente Lula, mas não tem a minha assinatura. E, portanto, isto não é posse. A posse ocorreria aqui porque o presidente Lula, por ter algum problema pessoal para voltar a Brasília hoje, uma vez que a dona Marisa não está bem, não viria. E veio hoje, justamente, para manifestar aqui a sua determinação de participar do governo.

Repudio, total e integralmente, todas as versões contra esse fato. Este documento foi distribuído ontem para toda a imprensa, quando percebemos que era disso que se tratava. Agora, estaremos avaliando, com precisão, as condições deste grampo que envolve a

Presidência da República. Nós queremos saber quem o autorizou, por que o autorizou e por que foi divulgado quando ele não continha nada, nada, eu repito, que possa levantar qualquer suspeita sobre seu caráter republicano.[3]

A tentativa de salvação de Lula se frustraria no dia seguinte. O ministro Gilmar Mendes, do STF, suspendeu a nomeação do líder petista por desvio de finalidade — em outras palavras, a real motivação de Dilma não era o trabalho que Lula poderia fazer à frente do ministério, mas sim protegê-lo das investigações.

O objetivo da falsidade é claro: impedir o cumprimento de ordem de prisão de juiz de primeira instância. Uma espécie de salvo-conduto emitido pela presidente da República. [...] Pairava cenário que indicava que, nos próximos desdobramentos, o ex-presidente poderia ser implicado em ulteriores investigações, preso preventivamente e processado criminalmente. A assunção de cargo de ministro de Estado seria uma forma concreta de obstar essas consequências. As conversas interceptadas com autorização da 13ª Vara Federal de Curitiba apontam no sentido de que foi esse o propósito da nomeação.[4]

A equipe da Lava Jato na PF recebeu com alívio a decisão que, na prática, faria com que pudéssemos dar sequência ao inquérito. No entanto, a equipe divergia sobre quais seriam os próximos passos. Para mim, aquele era um caso inconteste de tentativa de barrar a investigação, então, defendi que deveríamos encaminhar à Justiça o pedido de prisão preventiva do ex-presidente por obstrução da Justiça. Da mesma forma, eu imaginava que a Procuradoria-Geral da República (PGR) deveria atuar em relação à presidente, por sua participação decisiva no processo, o que não ocorreu.

Minha posição foi vencida pela dos demais integrantes. A decisão que tomamos foi pela remessa, ao STF, da apuração relativa aos áudios e à nomeação de Lula. Depois, o STF acabou invalidando aquela escuta, mas as investigações sobre o ex-presidente seguiram seu curso.

A PRISÃO

Pouco mais de dois anos após a condução coercitiva, em Brasília, e já fora da equipe originária da Lava Jato, acompanhei o julgamento, pelo TRF-4, dos últimos recursos da primeira ação penal da qual o ex-presidente Lula foi réu, fruto do inquérito policial que havia concluído algum tempo antes.

Incontinente após a decisão em segunda instância, como era praxe em outros casos, o juiz Sergio Moro expediu a ordem de prisão, fixando o prazo para que o ex-presidente, em deferência ao cargo que ocupou, se entregasse a fim de cumprir a pena privativa de liberdade de doze anos e um mês de reclusão em regime fechado:[5]

> Relativamente ao condenado e ex-presidente Luiz Inácio Lula da Silva, concedo-lhe, em atenção à dignidade do cargo que ocupou, a oportunidade de apresentar-se voluntariamente à Polícia Federal em Curitiba até as 17h do dia 06/04/2018, quando deverá ser cumprido o mandado de prisão. Vedada a utilização de algemas em qualquer hipótese.[6]

A partir da ordem de prisão, o ex-presidente Lula encastelou-se na sede do Sindicato dos Metalúrgicos em São Bernardo do Campo, negando-se a se apresentar. A tática era clara na busca do confronto, para reforçar a falsa ideia de perseguição e de injustiça.

Seguiu-se intenso processo de negociação até que no sábado, 7 de abril, o ex-presidente finalmente se entregou à PF. Sem confrontos. Pela primeira vez na história do país, um ex-presidente era preso, após condenação em uma ação penal por crime de corrupção.

7. Capitalismo à brasileira

Tudo o que está acontecendo é um negócio institucionalizado. Era uma coisa normal.[1]
Emilio Odebrecht, em depoimento ao Ministério Público Federal

Márcio Anselmo e Jorge Pontes: Em determinado estágio da Lava Jato, a equipe de investigadores havia constatado um fato que de certa forma resumia o ponto que a operação havia atingido: parte significativa do Produto Interno Bruto (PIB) nacional estava presa na carceragem da PF ou em presídios em Curitiba. Por ordem da Justiça, haviam sido detidos os donos ou executivos das principais empresas brasileiras — construtoras como Odebrecht, Andrade Gutierrez, OAS, UTC —, responsáveis durante décadas pelas principais obras de infraestrutura promovidas pelo Estado brasileiro.

Não era um motivo de comemoração, mas de espanto, pela dimensão dos esquemas e desvios descobertos. Mesmo para policiais ou procuradores com décadas de experiência no combate à corrupção e lavagem de dinheiro, alguns montantes eram inimagináveis. Ainda no primeiro ano da Lava Jato, em 2014, Pedro Barusco fechou acordo de colaboração premiada em que se comprometia a devolver nada menos do que 100 milhões de dólares, alocados em contas no exterior. Barusco era gerente--executivo da área de Serviços da Petrobras, e, apesar de seu poder de influir em licitações, não havia chegado nem sequer a diretor da estatal. Era um funcionário de terceiro escalão. A maior parte dos executivos presos, porém, era de empresas privadas. Sem a proteção do foro por prerrogativa de função, como possuem os políticos, os empresários acabaram indo para a cadeia mais cedo.

Com menos proteção legal, o polo ativo da corrupção esteve mais vulnerável aos avanços da Lava Jato do que os políticos com mandato. O histórico de cooptação dos agentes públicos pelo poder econômico do setor privado revela uma crônica deterioração da democracia no Brasil. É danoso, também, para o funcionamento do próprio capitalismo no país. Se a corrupção deforma a livre concorrência, o que as relações entre empresas e entes públicos revelam é a existência de um capitalismo "à brasileira", um ambiente de compadrio que, além de drenar recursos públicos, é prejudicial ao desenvolvimento de outras empresas.

Um sintoma dessa deformidade é a total subversão da atividade política em econômica. Para membros do Congresso Nacional e do Executivo que atuam em favor de empresas que financiam suas campanhas, a política é um negócio extremamente lucrativo. São cada vez mais comuns os casos de caciques políticos que dedicam seus mandatos a interesses privados, seja apoiando empresas com a promulgação de leis benéficas às suas atividades, seja no apadrinhamento de determinadas companhias nas concorrências públicas e na obtenção de bilionárias linhas de crédito em bancos estatais de fomento ao desenvolvimento econômico.

Um bom exemplo é o depoimento de Antonio Palocci, no âmbito de acordo de colaboração celebrado com a PF e que teve seu sigilo levantado pelo juiz da 13ª Vara Federal de Curitiba, quando afirma que "estima que, das mil medidas provisórias editadas nos quatro governos do PT, em pelo menos novecentas houve tradução de emendas exóticas em propina".

Guido Mantega, por exemplo, é réu em ação penal por corrupção passiva e lavagem de dinheiro em razão de ter atuado para aprovar as medidas provisórias nº 470 e nº 472, que tinham como objetivo beneficiar empresas da Odebrecht.[2]

Os americanos chamam essa prática de *crony capitalism* — expressão que poderia ser traduzida como "capitalismo de compadrio". O *crony capitalism*, ou apenas *cronyism*, na definição do jornalista, escritor e consultor político americano Peter Schweizer, tem origem na falta de transparência dos sistemas políticos.[3]

A criação da política dos "campeões nacionais" é um exemplo clássico do capitalismo de compadrio brasileiro. Sob o pretexto de fomentar importantes setores da economia, o governo federal, sobretudo nos anos Dilma, excedeu-se em benefícios e isenções fiscais a determinados grupos empresariais. O plano de ajudar esses grupos a dominar amplamente seus setores econômicos para fortalecer a economia nacional, inclusive em relação à competitividade no exterior, na prática também contribuiu para agradar os megaempresários que financiavam campanhas eleitorais e projetos pessoais de alguns políticos.

Dois recentes casos emblemáticos de empresários que ajudaram a financiar campanhas políticas em troca de apoio do governo são Joesley Batista, do grupo J&F — que viria a se tornar o maior produtor de proteína animal do mundo —, e Eike Batista. Ambos foram acusados de corromper políticos e chegaram a ser presos. Joesley é, inclusive, réu confesso desde que formalizou um acordo de colaboração.⁴ Eike, por sua vez, já foi condenado em primeira instância pela Justiça Federal por subornar o ex-governador do Rio Sérgio Cabral em troca de vantagens em seus negócios no estado.⁵

Há também casos de políticos que se tornaram grandes empresários, como o deputado estadual do Rio de Janeiro Jorge Picciani. Embora ocupe cargos públicos há décadas, no mesmo período seu império do agronegócio se expandiu exponencialmente. Personagem e alvo de algumas operações da Lava Jato, Picciani foi acusado de usar suas empresas pecuárias para lavar dinheiro público desviado, como confirmou inclusive o ex-presidente do Tribunal de Contas do Rio, Jonas Lopes.⁶

O uso do poder outorgado pelo voto popular para benefício próprio criou um novo tipo social no país: o novo-rico da política, que enriquece a partir de uma cadeira do Congresso ou de um ministério.

Fica claro que historicamente faltou ao nosso país, no momento crucial da construção do Estado brasileiro, aquilo que sobrou aos Estados Unidos. Aproximadamente 230 anos atrás, os vultos que se notabilizaram como os pais fundadores da pátria americana, os *founding fathers*, conhecedores das fraquezas inerentes à natureza humana, conceberam constitucionalmente os freios e contrapesos que equilibraram os poderes da República, criando um país em que a lei vale de fato para todos. Por outro lado, na elaboração do nosso ordenamento jurídico — principalmente na construção da Constituição Federal de 1988 —, tivemos aqui um grupo de políticos que poderiam ser considerados "afundadores da pátria" — aqueles que projetaram um país para si próprios, e outro para o restante da população. Eles foram, acima de tudo, os projetistas de um desastre. É irrefutável que o Brasil foi planejado, tramado, numa intrincada costura de leis e normas, para de fato não funcionar. Nosso país, do ponto de vista filosófico, é um projeto que efetivamente deu certo, principalmente se considerarmos a premissa de que seu arcabouço foi desenhado justamente para produzir os efeitos que estamos observando. Quem o desenhou com tantas falhas, afinal, foram justamente os grupos que dessas falhas mais se locupletam.

ATENTADO INSTITUCIONALIZADO À DEMOCRACIA

Em sua recente obra *Thieves of State* [Ladrões do Estado], a jornalista americana Sarah Chayes explica como as cleptocracias, isto é, enormes esquemas de corrupção estabelecidos nos poderes públicos, podem ameaçar a segurança interna e externa dos Estados. Chayes classifica diferentes tipos de estados corruptos: complexo militar-cleptocrático, cleptocracia burocrática, autocracia cleptocrática pós-soviética e cleptocracia de recursos naturais.[7]

O livro de Chayes mostra os países em que cada uma das variações está ocorrendo. Nesse espectro, o Brasil seria uma cleptocracia político-administrativa, em que a vertente política e eleitoral funcionaria como seu arrimo principal, que sustenta o próprio modelo de crime institucionalizado.

São as falhas e incongruências do nosso sistema eleitoral que alimentam a manutenção do apoderamento ilícito dos bens públicos por esses grupos criminosos. Apesar de não haver consenso sobre o melhor modelo a adotar, é unânime entre cientistas políticos e especialistas em eleições no Brasil a ideia de que o nosso sistema beneficia os ocupantes dos mandatos, facilitando a reeleição e, principalmente, amplificando a influência do poder econômico no resultado das urnas.

Como as regras eleitorais são definidas pelos próprios parlamentares, seria uma utopia esperar por uma reforma política que propicie a renovação dos quadros. Ao contrário, o que ocorre é a retroalimentação do ciclo: boa parte do dinheiro público desviado ilegalmente é destinada aos gastos com as campanhas políticas. Como a própria Lava Jato mostrou, esses recursos pagam a contratação a peso de ouro dos marqueteiros mais renomados do país, sem contar os votos de varejo, ainda comuns no Brasil, conforme sugerem inúmeras decisões da Justiça Eleitoral por abuso do poder econômico.[8]

O crime institucionalizado pode ser visto como um atentado à democracia, que ocorreria de modo frontal em dois momentos bastante distintos. Primeiro, ao irrigar fortunas para as campanhas de seus chefes, desequilibrando e corrompendo o pleito eleitoral e a vontade popular; segundo, na fraude direta ao sistema democrático por meio da compra de votos no Congresso para aprovação de projetos que interessem ao crime institucionalizado e a seus financiadores.

Nas duas últimas eleições presidenciais, os candidatos eleitos Dilma Rousseff e Jair Bolsonaro tiveram gastos bastante distintos. Em 2014, a ex-presidente declarou 350 milhões de reais em gastos de campanha, enquanto o candidato eleito Jair Bolsonaro declarou em torno de 1,7 milhão.

Se ainda levarmos em conta o valor não declarado, os números dos gastos da campanha de Dilma Rousseff em 2014 triplicam. Segundo Antonio Palocci, em depoimento após o acordo de colaboração com a PF, a campanha da presidente eleita teria recebido em torno de 800 milhões de reais em caixa dois.[9]

O depoimento de Antonio Palocci é bastante ilustrativo nesse sentido ao afirmar que:

por exemplo, grandes obras contratadas fora do período eleitoral faziam com que os empresários, no período das eleições, combinassem com os diretores que o compromisso político da obra firmada anteriormente seria quitado com doações oficiais acertadas com os tesoureiros dos partidos, coligações etc.; QUE o dinheiro dado por dentro pode sim ser ilícito, bastando que sua origem seja ilícita; QUE essa é a hipótese mais comum; QUE isso é feito para dar aparência de legalidade às doações; QUE é possível sim que hajam [sic] doações oficiais sem origem ilícita; QUE, assim, a doação oficial pode ser lícita e ilícita, bastando verificar sua origem, sendo criminosa quando originadas em acertos de corrupção; QUE o TSE não tem como saber se a doação é ilícita, uma vez que não fiscaliza a origem do dinheiro; QUE a maior parte das doações registradas no TSE é acometida de origem ilícita; QUE as contas podem ter sido regularmente prestadas e aprovadas e, ainda assim, possuírem origem ilícita; QUE os grandes arrecadadores do PT foram DELÚBIO SOARES, PAULO FERREIRA e JOÃO VACCARI; QUE. no âmbito do relacionamento com as empresas, as pessoas que tratavam de doações de grande porte junto aos empresários foram o COLABORADOR, apenas no governo Lula e enquanto e principalmente quando exerceu mandato de deputado federal, além de JOSÉ DIRCEU e GUIDO MANTEGA; QUE o COLABORADOR nunca abriu contas no exterior para o PT, mas sabe que a agremiação já fez isso sem utilizar o nome do partido e lideranças, pelo menos segundo tem conhecimento o COLABORADOR; QUE soube que empresários abriam, apenas na confiança, contas em nome próprio e para utilização pelo PT; QUE a ilicitude das campanhas está nos próprios preços elevadíssimos que custam; QUE ninguém dá dinheiro para campanhas esperando relações triviais com o governo; QUE hoje há um grande grau de disfunção à lei eleitoral e à política partidária no Brasil; QUE, se não vierem a ser barradas, as investigações sobre isso serão até mesmo desnecessárias; QUE as prestações regulares registradas no TSE são perfeitas do ponto de vista formal, mas acumulam ilicitudes em quase todos os recursos recebidos; QUE, por exemplo, se a campanha custou 500 milhões, o valor já seria escandaloso mesmo que todos os recursos tenham origem lícita; QUE, de 500 milhões, ao menos 400 não têm origem lícita; QUE a legislação não funciona e incentiva a corrupção; QUE cada vez mais a corrupção se dá dentro das normas legais; QUE julgou correto [sic] a proibição de doações como vinham sendo feitas, mas também se deve tomar cuidado com as implicações disso, como o aumento de caixa dois, a inviabilização da eleição de pobres e pessoas que recebem, por meio de atividades profissionais, recursos antecipados para fins políticos; QUE pode citar que as campanhas presidenciais do PT custaram em 2010 e 2014, aproximadamente, 600 e 800 milhões de reais, respectivamente.[10]

Nesse cenário, parece impossível que exista democracia, tamanho o vício da vontade popular.

Cria-se, dessa forma, uma lógica cruel, em que os algozes da sociedade se viabilizam e ganham poder pelas mãos de suas próprias vítimas — os eleitores. Muitas disputas e campanhas políticas, por mais ferrenhas que possam parecer, há muito não almejam meros assentos no Executivo ou no Legislativo, mas sim cadeiras numa organização criminosa institucionalizada, blindada, lucrativa e atraente.

Financiados ilegalmente por empresas, políticos eleitos ocupam cargos públicos com indicados orientados a promover desvios. Seja por meio de fraude de licitações ou de superfaturamento de contratos com as empresas financiadoras de campanha, o dinheiro é desviado dos órgãos da administração pública, e irriga todo o mecanismo: vai para os bolsos dos políticos, de seus indicados nos gabinetes estatais, para os próprios empresários, aumenta os lucros das empresas e refinancia futuras campanhas políticas. É uma relação de simbiose: todos os envolvidos saem ganhando.

Isso não é novidade. A corrupção entre entes privados e o Estado drenou dinheiro público mesmo em períodos em que não houve eleição no Brasil, como confirmam inúmeras denúncias e reportagens sobre desvios durante os governos militares.[11] As décadas de redemocratização e, mais recentemente, os anos de crescimento econômico com certeza inflaram esses números e, aos poucos, o desenvolvimento das forças de investigação têm conseguido quebrar aqui e ali as barreiras e furar o sistema de autoproteção do crime institucionalizado.

Outra consequência danosa da institucionalização do crime nas relações público-privadas é o fato de a sociedade estar mal representada no Congresso, nas assembleias estaduais e nas câmaras municipais porque os parlamentares são eleitos graças à injeção de dinheiro ilícito, na maioria das vezes doado sem registro junto à Justiça Eleitoral. Combinada com regras eleitorais moldadas à feição para que se perpetuem os detentores de mandatos legislativos, a força do dinheiro nas campanhas é decisiva, completando o ciclo: quem se elege dedica sua atuação política a favorecer seus financiadores, e cada vez mais recursos são desviados. A democracia é uma ilusão quando a vontade popular é manipulada por um grupo de empresários poderosos a serviço do crime institucionalizado.

As eleições municipais de 2016 foram as primeiras com reflexo da Lava Jato, o que coincidiu com a proibição de doações aos candidatos por parte de empresas. Em termos de financiamento eleitoral, já foi uma campanha bem menos custosa.

Nos meses de março e abril de 2018, o Congresso Nacional, em panorama reproduzido nas casas legislativas estaduais, viveu um momento de mercado persa. Era o período da chamada "janela partidária", em que parlamentares podiam trocar de partido sem sofrer sanções. Com promessas de dar mais dinheiro para a campanha de reeleição de cada deputado, os partidos, como relataram diversos órgãos de imprensa, fizeram verdadeiros leilões para atrair parlamentares e aumentar sua bancada. A *Folha de S.Paulo* publicou uma matéria em que alguns parlamentares, sem se identificarem, definiram a situação em frases como "nunca houve uma negociação tão explícita" e "não tem ideologia, é tudo dinheiro".[12] O tucano Nilson Leitão (MT) reclamou do assédio a colegas de bancada: "Eu falei muito claro o seguinte: 'Gente, quem quiser sair por causa de dinheiro, que saia logo'".

O caixa dois não vai deixar de existir, principalmente num momento em que as doações oficiais — declaradas — por parte de empresas estão proibidas, mas certamente menos dinheiro circula por baixo dos panos nas eleições pós-Lava Jato. É um reflexo profilático das punições ocorridas durante os anos de operação, principalmente junto aos grandes doadores. Boa parte deles já esteve na cadeia, ainda está lá ou tem medo de ir.

EFEITO EXPRESSO DO ORIENTE

Muitas das grandes operações policiais que tentaram quebrar o elo corrupto público-privado nos últimos anos têm em comum o foco na fraude a licitações públicas. O grande desafio da PF, atualmente, é se aprimorar ainda mais na identificação desse tipo de delito. Não é fácil, mas é urgente. A cada dia o crime se torna mais sofisticado, e não seria exagero reconhecer que os inquéritos que tratam de outros tipos de crime tornaram-se procedimentos bem mais simples se comparados àqueles que apuram os estelionatos cometidos nos contratos de obras e serviços para o governo.

O que observamos é que, nos crimes em concorrências públicas, os envolvidos não recuam mesmo quando percebem que são investigados. Ao contrário de um caso de tráfico de drogas, nos quais os criminosos refreiam seus atos assim que se veem como alvos dos investigadores, os fraudadores de licitações costumam ter, pela natureza do crime, meios mais eficazes de despistar autoria e materialidade e manter o ciclo de ilegalidades.

Em geral, todas as partes que atuam nesses esquemas estão acordadas: as empresas vencedoras da licitação; as que apresentaram proposta propositalmente para perder; os agentes públicos responsáveis pela contratação; os políticos que os nomearam e os intermediários. Tudo isso torna a investigação mais difícil, e a maleabilidade da organização criminosa, maior. Se, por exemplo, o acordo inicial era depositar a soma na conta de um sócio ou aparentado de um dos envolvidos, ou mandar o dinheiro para uma conta no principado de Liechtenstein, essa medida é suspensa até que se pense em algo mais seguro, que não esteja ainda sob risco de conhecimento das autoridades.

Mas o crime, o acerto, o sobrepreço, o jogo de planilhas, o acordo entre os falsos concorrentes das licitações, o vazamento de requerimentos da concorrência, a participação do gestor público que ordena a despesa, tudo isso segue seu curso em princípio. A concorrência fraudada, enfim, é um teatro armado, uma pantomima que faz todo o sentido para quem observa sem saber o que ocorre por baixo dos panos.

Todos os participantes do esquema concorrem para o resultado nocivo e por isso não há um único elo que, atacado, possa comprometer o sucesso da empreitada delituosa. Essa característica é conhecida como "Efeito Expresso do Oriente", numa alusão ao romance da escritora Agatha Christie, em que todos os suspeitos, cada um dos passageiros daquele vagão de trem, são responsáveis pelo homicídio, cada um tendo desferido uma facada na vítima.

Tudo isso sempre colaborou para o histórico de impunidade no Brasil. Assim, é fácil entender o entusiasmado apoio popular que as investigações sobre esses esquemas, notadamente a Lava Jato, receberam desde o início. A possibilidade de incriminar figuras historicamente intocáveis, como a elite política brasileira, e os mais ricos e poderosos empresários do país leva grande parte da população a acompanhar cada passo não só das investigações, mas também da tramitação dos processos judiciais.

Uma das mais frutíferas investidas, em termos de recolhimento de provas e comprovação de como funciona o mecanismo, foi a Operação Castelo de Areia, em 2009. A PF conseguiu provas de corrupção e superfaturamento de contratos públicos envolvendo a construtora Camargo Corrêa. Quatro executivos da empreiteira e um doleiro foram presos, e foram provadas doações ilegais e pagamento de propina a políticos de sete partidos (DEM, PMDB, PP, PSDB, PPS, PDT e PSB).

Era o mesmo enredo da Lava Jato, na qual a Camargo Corrêa reapareceria anos depois, incluindo a comprovação de desvios numa obra já alvo da operação de 2009: a construção da refinaria Abreu e Lima, em Pernambuco. A força de reação do sistema era ainda mais forte naqueles anos, e a Castelo de Areia seria anulada pela Justiça em 2011. O STJ considerou ilegais as escutas telefônicas e desconsiderou todas as provas da investigação. Foi um desfecho muito semelhante ao da Operação Faktor, comandada pelo delegado Márcio Anselmo.

* * *

Na Lava Jato, a estrutura de cartelização descoberta chegou ao cúmulo de ter um documento com as "Regras do Clube", como se fosse um regulamento de campeonato de futebol, para disciplinar o jogo sujo nas licitações da Petrobras. O documento foi entregue por um dos integrantes do cartel, o executivo da Toyo Setal, Augusto de Mendonça Neto, como parte de seu acordo de colaboração. Com uma metáfora esportiva, o primeiro artigo definia do que se tratava: "Vem a ser uma competição anual com a participação de dezesseis equipes, estruturadas sob uma liga, que se enfrentarão entre si e com terceiros, cabendo ao vencedor uma premiação a cada rodada, definida aqui como sendo um troféu".[13]

Os objetivos eram claros: "A competição visa à preparação das equipes para competições nacionais e internacionais, objetivando sempre a obtenção de recordes e melhoria dos prêmios", dizia o documento. As regras eram bastante claras, como a que diz que "É imperativo que haja [...] bom senso e confiança mútua, ou seja, deverão estar comprometidos com a competição e dela serem fiadores".

Mais adiante, no mesmo "regulamento": "A tabela da competição deverá ser elaborada no mínimo para dois anos e ser atualizada sempre que haja mudanças e/ou incremento de jogos. Para atualizá-la deverão ser eleitos três dirigentes" e "deverão participar de cada rodada no mínimo seis equipes, que deverão ter atuação extremamente ativa e competitiva".

Em outro "regulamento" apreendido no curso da operação, as regras se repetem, dessa vez com o título "Sport Club Unidos Venceremos".

Segundo o regulamento, "os jogadores do Sport aceitarão uma participação de, no mínimo, 60% do valor total do bicho pago por jogo, para os jogos da Federação Regional, e 40% para os jogos da Federação Nacional, levando-se em conta as taxas locais e cotas para os adversários".

E, mais adiante: "Cada jogador poderá indicar qual o jogo tem preferência de atuar, levando-se em conta sempre onde ele tem mais condições de ajudar na vitória do Sport".[14]

HORAS-CHUVA

Quando não podem mais negar os fatos, as grandes empresas e seus executivos flagrados em esquemas de corrupção adotam com frequência uma linha de defesa vitimizadora. Insinuam, ou mesmo afirmam, que foram extorquidos, que ou corrompiam ou suas empresas iriam à falência, que não seriam mais contratadas por órgãos públicos.

O ciclo pode começar com a tentativa de influenciar, quando não mesmo comprar, decisões judiciais para interromper as investigações. Em paralelo, não reconhecem a culpa e então, quando isso não é mais possível, se colocam como vítimas. Esse discurso esteve presente nos "pedidos de desculpas" públicos, até então inéditos, que empreiteiras desmascaradas pela Lava Jato se viram obrigadas a fazer. Em 1º de dezembro de 2016, a Odebrecht divulgou ao país a nota "Desculpe, a Odebrecht errou", que começava da seguinte maneira:

> A Odebrecht reconhece que participou de práticas impróprias em sua atividade empresarial. Não importa se cedemos a pressões externas. Tampouco se há vícios que precisam ser combatidos ou corrigidos no relacionamento entre empresas privadas e o setor público.[15]

Além da escolha da suave expressão "práticas impróprias" em vez de "crimes", não se tratava de ceder a pressões externas. O tal "relacionamento entre empresas privadas e o setor público" era um jogo de ganha-ganha, e não uma relação de extorsão ou coação. No fim das contas, o dinheiro que abastece toda a engrenagem sai dos cofres públicos.

Em diversas investigações de que participamos ao longo de nossas carreiras, descobrimos inúmeras maneiras de aumentar artificialmente os preços de uma obra. Para clarear os fatos, uma auditoria do TCU revelou um jeito surpreendente até para os padrões brasileiros. Um aditivo ao contrato determinava o pagamento de indenização, pela Petrobras, aos consórcios responsáveis pela construção da refinaria por períodos em que as máquinas ficassem paradas devido ao mau tempo — as chamadas "horas-chuva". Eram, muitas vezes, mais caras do que a hora trabalhada, ou seja, ao superfaturar, cobrava-se mais por um trator parado do que em funcionamento.

Em 2017, o TCU recomendou que a Petrobras anulasse o anexo contratual que previa pagamento dessas verbas indenizatórias. O acórdão da sessão do dia 13 de setembro está publicado no site do TCU sob a reportagem "Abreu e Lima: valores de indenizações milionárias pagos a empresas foram calculados inadequadamente".[16]

Não há como aceitar a tese do empresário bem-intencionado que é extorquido por políticos corruptos. Ameaçados pela possibilidade de passar longo tempo na cadeia diante da fartura de provas incontestáveis reunidas pela investigação, eles demonstraram, em inúmeros depoimentos, nos acordos de colaboração premiada, que essa relação não tinha nada de impositiva. Pelo contrário: muitas vezes, dirigentes de companhias que financiavam as eleições de parlamentares tinham ascendência sobre deputados e senadores, que se esforçavam para agradá-los na formulação de leis no Congresso Nacional — um tipo de relação que certamente é reproduzido nos âmbitos estadual e municipal.

É inútil querer estabelecer se o "pecado original" da corrupção público-privada no Brasil se inicia pelos gestores públicos inescrupulosos ou pela iniciativa privada pagadora das propinas. Em sua colaboração, cujos depoimentos ocorreram em dezembro de 2016, Emílio Odebrecht contou que o grupo subornava gestores públicos desde a época de seu pai, remontando ainda ao final da primeira metade do século XX. Os dois lados do balcão sempre estiveram satisfeitos, e por isso nada era mudado ou questionado. Como dizia um colaborador em tom de piada: "Se procurar bem, vai encontrar pagamento de propina até na assinatura da Lei Áurea".

Não há exemplo mais emblemático dessa satisfação entre os dois lados da moeda do que a criação, dentro da Odebrecht, de um departamento inteiro voltado apenas para organizar o pagamento de propina a agentes públicos. Uma unidade exclusiva para a organização e a distribuição de propinas representa a institucionalização, no corpo da empresa, do modo corrupto de trabalhar, é um *case*, um exemplo acadêmico de pessoa jurídica criminosa, a face privada do crime institucionalizado.

As descobertas da PF, somadas aos depoimentos de lavadores de dinheiro, têm deixado claro que a corrupção sempre esteve incrustada em seu DNA. Embora o Setor de Operações Estruturadas da Odebrecht seja o exemplo mais bem-acabado da sistematização da corrupção, a empresa está longe de ser a única a refinar essa prática. Outras gigantes da construção civil não apenas aprimoraram suas formas de burlar a lei, como atuavam em conjunto. A manipulação de licitações, além da fraude em si, tem outro efeito danoso: o cartel inviabiliza a atuação de empresas que não estão dispostas a fazer o jogo da corrupção.

Por fim, é importante ressaltar que a atuação em grupo deixa capenga a velha cantilena dessas grandes empresas de se dizerem vítimas de extorsão por parte dos agentes públicos: se as companhias podiam se juntar para acertar os sobrepreços e os esquemas, certamente também seriam capazes de se coligar e cerrar fileiras para resistir às supostas extorsões e levar em bloco as denúncias às autoridades federais. É claro que isso jamais ocorreu.

Com as entranhas do real funcionamento de empresas investigadas pela Lava Jato expostas à luz do dia, várias delas passaram a anunciar que adotariam práticas de governança nunca antes respeitadas — resumidas no termo *compliance*, que significa estar em conformidade com as leis e com critérios éticos externos e internos.

Compliance virou a palavra da moda no mundo empresarial brasileiro, mas até há pouquíssimo tempo era totalmente ignorada por empresários e gestores públicos. O substantivo *compliance* tem origem no verbo *to comply*, que significa cumprir ou obedecer. A promulgação da lei nº 12.846/13, conhecida popularmente como Lei Anticorrupção, promoveu a importância do setor privado, seja responsabilizando-o, seja levando-o à condição de personagem central de um conjunto de normas que não apenas previnem atos de corrupção, mas também incentivam condutas éticas nas empresas.

Prevenir a corrupção deve ser um objetivo perene nos ambientes empresariais. É infinitamente menos danoso e menos custoso evitar o cometimento desse tipo de crime do que ter que gerenciar seus efeitos. Em suma, quem investe em *compliance* não precisará futuramente despender recursos para limpar o nome do seu negócio ou de sua empresa. É melhor gastar em vacina do que em remédios contra a infecção.

Outro argumento dos investigados é dizer que o avanço das instituições de controle sobre empresas que atuam em larga escala em obras públicas pode "quebrar" a economia do país. É como botar a culpa de um assassinato em quem encontrou o corpo, e não em quem praticou o crime, como costuma dizer o juiz Sergio Moro. Para além da usurpação de recursos que poderiam ser economizados pelos governos ou investidos em outras áreas num país com enorme déficit social como o Brasil, a formação de oligopólios e cartéis é um crime contra a economia, contra o próprio capitalismo. A esperança, portanto, é que o desbaratamento de relações corruptas entre o setor privado e as administrações públicas possa levar a um ambiente de legalidade na economia brasileira.

O líder e pensador Augustine Ruzindana ocupou a presidência do Comitê de Contas Públicas de Uganda, país na região central da África, antes de se tornar ativista e consultor pela Transparência Internacional. Em seu ensaio "A importância da liderança na luta contra a corrupção em Uganda", ele estabeleceu cinco efeitos devastadores da corrupção para a economia nacional: 1. a ineficiência e o desperdício econômicos; 2. a persistência do subdesenvolvimento e da pobreza em países ricos de recursos naturais; 3. a inibição do desenvolvimento e a exacerbação da pobreza; 4. empecilho aos investimentos estrangeiros e ao auxílio internacional; e 5. distorção das decisões governamentais.[17]

Observamos que os cinco efeitos descritos por Ruzindana ocorreram e se aprofundaram no Brasil. Na última década, o crime institucionalizado encontrou condições para se desenvolver, aproveitando-se de um período de crescimento global, do aquecimento do mercado de commodities e dos consequentes recordes de arrecadação tributária. Com o ingresso de dezenas de milhões de pessoas na classe média, e o resultante aumento do consumo, os cofres públicos abarrotaram-se de dinheiro.

Foi um terreno fértil para o avanço do crime institucionalizado, que sugou recursos destinados às grandes obras de infraestrutura. Os alvos são quase sempre empresas de energia, de mineração, petrolíferas, o setor de arrecadação e fiscalização tributária, o setor elétrico e o nuclear. A fórmula para o ataque, como tem se provado, são as fraudes nas concorrências públicas para a assinatura de contratos de obras e serviços.

Se para um país com enorme população pobre e com graves problemas fiscais é dramático que a corrupção encareça as obras públicas, é ainda mais perversa a existência de grandes e vultosos projetos com o exclusivo intento de desviar verbas públicas. Para usar um exemplo recente, pior do que um estádio de futebol ter sua reforma superfaturada foi o governo decidir pela criação de uma arena nova sem que houvesse necessidade, e que sua construção também fosse oportunidade de desvio de dinheiro público. Isso aconteceu nos anos anteriores à Copa do Mundo de 2014. Foram atendidos anseios políticos dos aliados do governo federal e criadas grandes (e desnecessárias) obras de onde se desviou muito dinheiro público.[17]

O argumento sobre o impacto das investigações na economia brasileira ajudou as grandes empreiteiras a conseguirem melhores condições na negociação de acordos de leniência com o Estado. Qual seria a punição mais justa para as empresas, ou quais seriam as punições adotadas em outros países, diante da transformação de algumas dessas companhias em verdadeiras organizações criminosas?

Muitos argumentam que se devem punir as pessoas, não as empresas. Mas e quando se observam grupos empresariais há décadas envolvidos em práticas criminosas, comandados ao longo do tempo por diferentes executivos? É possível imaginar que, em países com execução de legislação anticorrupção mais rígida, essas companhias não encontrariam as mesmas facilidades para continuar operando sem respeitar e cumprir as regras.

Por outro lado, vemos multinacionais que atuam dentro das leis em outros países e que, ao se estabelecerem no Brasil, dançaram conforme a música, e também não hesitaram em aderir ao pagamento de propinas a autoridades governamentais. Em *Corrupção e governo*, Susan Rose-Ackerman, professora de direito e de ciência política da Universidade Yale, e Bonnie J. Palifka, professor do Instituto Tecnológico y de Estudios Superiores de Monterrey, afirmam que, "não raras vezes, empresas multinacionais bem conceituadas se veem diante do 'dilema do prisioneiro',[19] quando executam suas transações em países de regime corrupto". E complementam: "cada uma delas [empresas] acredita que precisa pagar subornos para fazer negócios, mas cada uma sabe também que estaria em melhor situação se nenhuma delas pagasse".[20]

O NÃO CRIME

Nas décadas de 1930 e 1940, os estudos de Sutherland apontavam que, da análise de 980 decisões proferidas contra as maiores setenta empresas industriais e mercantis, apesar de todas serem decisões indicando a atuação ilícita, em apenas 158 delas — pouco mais de 15% — se afirmava a existência de condutas criminosas.

Nesse ponto o autor questionava: por que os criminologistas não avaliam o crime de colarinho-branco como qualquer outro?[21] E a resposta seguia no sentido de se eliminar o estigma de criminoso. Ou mais, "Violações dessas leis, claramente, não provocam comoção como o homicídio ou o estupro, mas nem todas as normas do Código Penal envolvem idêntica comoção pública".[22]

O que se viu no Brasil ao longo dos anos não foi diferente. Inúmeras vezes, parte da classe política lançou-se a defender ora os criminosos, ora as empresas, sob a alegação de preservação da economia. A dificuldade foi extrema até que os próprios empresários ou agentes públicos se reconhecessem como tais. No início, a propina (dinheiro desviado) era chamada de tudo — comissão, consultoria, regra do jogo, *plus fee* etc. — menos do que realmente significava.

Somente após anos de operação é que os agentes públicos e empreiteiros começaram a se reconhecer como criminosos. Ainda assim, muitos relutaram, mesmo com o farto material probatório que existia contra eles.

Mais uma vez, as conclusões do autor sobre os efeitos danosos dessa prática, quase cem anos antes, parecem ter sido redigidas nos dias atuais:

> Enquanto os empresários afirmavam que estavam meramente tentando evitar o excesso de competição, era precisamente este excesso — mortal atributo da concorrência — que regulava o sistema, conforme os economistas clássicos. A livre concorrência como regulador tem sido substituída por um coletivismo privado, no qual o público não está representado, e no qual o público é pouco considerado. Este sistema de coletivismo privado é bem semelhante ao socialismo, exceto quanto ao fato de que ele não inclui representação e consideração do público.
>
> Os empresários têm sido bem ativos na restrição do princípio da livre iniciativa. Apesar de eles serem ferrenhos defensores da livre iniciativa e insistirem, em regra, que o governo mantenha suas mãos fora do mercado, os próprios empresários mais do que ninguém têm pressionado o governo para interferir na economia. Eles não têm agido em massa, mas individualmente ou em grupos pequenos que se esforçam para conseguir vantagens privilegiadas.[23]

Assim, permanece a lógica do sistema de se autoproteger da aplicação da lei penal, gerando uma bolha em torno desses criminosos, que permaneceram, por muitos anos, refratários às suas responsabilizações. Ao mesmo tempo que criticavam externamente a intervenção estatal na economia, aproveitavam-se das benesses do sistema para garantir seu status e dominação no mercado.

8. Joias, bicheiros e cheques frios — os desmandos estaduais

> O que acontece na Petrobras acontece no Brasil inteiro, em rodovias, ferrovias, portos, aeroportos, hidrelétricas.[1]
> Paulo Roberto Costa, ex-diretor de Abastecimento da Petrobras, em reunião da Comissão Parlamentar Mista de Inquérito da Petrobras

Jorge Pontes e Márcio Anselmo: Sede do poder central, no imaginário popular Brasília se tornou sinônimo de conchavo político e de relações espúrias entre os setores público e privado, dada a sucessão de escândalos no governo federal. No plano estadual, o mais bem-acabado modelo de Estado deteriorado pela institucionalização do crime é justamente o que sedia a antiga capital federal, o Rio de Janeiro.

Deflagrada em 2016, a Operação Calicute, braço fluminense da Lava Jato, demonstrou como a gestão do ex-governador Sérgio Cabral guardou todos os componentes que caracterizam um caso "acadêmico" de crime institucionalizado: a corrupção endêmica no Executivo, as fraudes em obras públicas, as propinas pagas por empresas privadas a gestores e parlamentares, as indicações ao TCU com o intuito de limpar os rastros dos desvios etc.

Sérgio Cabral reproduziu, no Rio de Janeiro, um modelo de institucionalização da delinquência à semelhança daquele que grassou no plano federal durante os governos de Lula e Dilma. Assim como no mensalão e no petrolão, operados pelos governos do PT, o esquema de Cabral atravessou pelo menos dois poderes (Executivo e Legislativo) do estado do Rio de Janeiro. O delegado da PF Antonio Carlos Beaubrun Junior, uma das autoridades policiais que coordenou os trabalhos da Lava Jato no Rio, esclarece que, depois da deflagração da Calicute, a PF percebeu que Cabral faturava em todas as áreas do seu governo.[2]

Calicute é uma cidade da Índia onde o navegador Pedro Álvares Cabral, descobridor do Brasil, sofreu uma derrota em episódio conhecido como "A tormenta de Calicute". O nome foi escolhido para batizar a operação que levou à prisão o ex-governador do Rio, em novembro de 2016. Uma série de acontecimentos e uma boa dose de acaso permitiram à PF puxar o novelo da organização criminosa que assaltara o Executivo estadual.

Três outras investigações anteriores permitiram a abertura do ramo fluminense da maior ofensiva contra a corrupção no país. No desenrolar das investigações na Petrobras, a Lava Jato no Paraná tocou num esquema de corrupção na Eletronuclear, a subsidiária da Eletrobras que geria a construção da usina de Angra 3. Contratos celebrados com a Andrade Gutierrez e outras construtoras renderam propina a agentes públicos, inclusive ao ex-presidente da Eletronuclear, conforme condenação da Justiça.[3]

Em outubro de 2015, o ministro do STF Teori Zawascki, relator da Lava Jato no tribunal, decidiu que aquele caso não tinha relação com os crimes na Petrobras — e, portanto, não deveria permanecer com a 13ª Vara Criminal de Curitiba, da qual o juiz

Sergio Moro era o titular. O caso foi enviado para a Justiça Federal do Rio, mais especificamente à 7ª Vara Federal Criminal, sob responsabilidade do juiz Marcelo Bretas, à época ainda pouco conhecido.

Três meses antes, em junho, Bretas havia autorizado a deflagração da Operação Saqueador, que desbaratou o esquema de lavagem de dinheiro desviado de obras públicas realizadas pela empreiteira Delta. Entre outros, foram presos naquela operação o dono da empresa, Fernando Cavendish, e o contraventor Carlinhos Cachoeira.[4] Entre 2007 e 2012, a Delta havia ganhado contratos com o poder público que somavam 11 bilhões de reais. O esquema consistia em subcontratar empresas de fachada, com contratos fictícios, para desviar parte dos recursos.

Além de ter ganhado contratos do governo estadual do Rio, Cavendish era amigo pessoal de Sérgio Cabral. A comemoração de sua festa de aniversário, em 2011, no litoral da Bahia, acabou em uma tragédia que revelou o grau de proximidade entre o governador e um dos principais contratados do estado. O helicóptero que levava convidados ao resort onde seria a festa caiu no mar, causando a morte de sete pessoas, entre elas a namorada do filho de Sérgio Cabral e a mulher de Cavendish, Jordana Kfuri. O governador e o empreiteiro fariam a viagem seguinte no mesmo helicóptero.

Cabral primeiro tentou negar a proximidade com Cavendish. Depois, desencavou o código de conduta para a relação entre autoridades do governo estadual e o setor privado, que proibia, em um de seus artigos, servidores públicos de receberem "presentes, transporte, hospedagem, compensação ou quaisquer favores, assim como aceitar convites para almoços, jantares, festas e outros eventos sociais" de empresas.[5] O próprio autor do código, o governador, era um contumaz violador das regras — Cabral era um assíduo usuário, por exemplo, do jatinho particular do milionário Eike Batista. Nenhum político personificou tanto a promiscuidade na relação com o empresariado como Cabral, conforme demonstrariam os processos judiciais de que foi alvo.[6]

A terceira ponta que permitiu o surgimento da Calicute também foi gestada, como o caso da Eletronuclear, em Curitiba. O avanço dos trabalhos na Lava Jato já havia atingido o cartel das grandes empreiteiras que fraudava as licitações na Petrobras. Alguns dos executivos das principais construtoras, impossibilitados pelas provas recolhidas de continuar a negar seus crimes, já haviam decidido fazer colaborações premiadas.

No caso de Cabral, foram decisivos os depoimentos de diretores da Andrade Gutierrez. Clóvis Primo e Rogério Nora de Sá contaram que o ex-governador cobrava 5% de propina nas principais obras de sua gestão, como a reforma do Maracanã para a Copa do Mundo de 2014 e a construção do anel rodoviário chamado de Arco Metropolitano.[7] Como no plano nacional, as empreiteiras operavam nas obras do Rio em cartel, com vencedores das licitações previamente selecionados antes da disputa. Uma das construtoras coligadas na máfia era justamente a Delta. A participação da empresa de Cavendish na reforma do Maracanã — que custou mais de 1 bilhão de reais aos cofres públicos — fora, inclusive, um pedido pessoal de Cabral, depois que já estava decidido qual seria o consórcio vencedor, formado pela Andrade Gutierrez e pela Odebrecht.

Em depoimento à Justiça Federal, o próprio Cavendish revelaria que a inclusão da Delta no grupo que faria a obra foi a retribuição de Cabral a um presente do empresário à então primeira-dama do Rio, Adriana Ancelmo.[8] Em viagem dos dois amigos a Mônaco, em 2009, o governador pediu ao empreiteiro que comprasse um presente para sua mulher. Não era uma lembrança qualquer, mas um anel de brilhantes no valor, à época, de aproximadamente 800 mil reais. Em 4 de dezembro de 2017, em interrogatório ao juiz Marcelo Bretas, Cavendish descreveu assim aquela passagem marcante dos anais da Lava Jato no Rio:

> Eu sabia que a Odebrecht era a favorita para ganhar a licitação do Maracanã. Fui ao governador Cabral [...] e disse que tinha interesse em participar da obra. Ele concordou com a entrada da Delta, e aí vale recordar o episódio do anel. Três meses antes, estávamos viajando eu, minha mulher, o governador e Adriana, que faria aniversário durante a viagem. Estávamos perto de Nice, em alguma pequena cidade da costa, e ele me levou a uma joalheria, disse que iria presentear Adriana e me disse: "gostaria que você pagasse". Não me pareceu algo tão natural, o valor era representativo, de 220 mil euros. Na ocasião, eu falei que a gente iria acertar aquilo depois. Deixei claro que não era um presente meu.[9]

O empreiteiro prosseguiu contando que a obra do Maracanã foi a chance de Cabral pagar pelo anel dado a sua mulher:

> A obra do Maracanã, meses depois, foi a oportunidade de resolver essa contrapartida. Eu pedi, o Cabral colocou a Delta na obra. E pediu propina de 5% da participação da Delta. Depois eu abati o valor [pago pelo anel da propina de Sérgio Cabral]. Este anel nunca foi um presente, como o ex-governador disse, é mentira. Não foi um presente, foi um negócio.

A quantidade de joias apreendidas nas operações que tiveram como alvos bens do casal Sérgio Cabral e Adriana Ancelmo impressionou os policiais. Um dos delegados da PF no Rio, Antonio Beaubrun, participou de duas ações de busca e apreensão no apartamento do casal e nos contou que ficou surpreso ao se deparar, na segunda vez, com novas joias. Empregados que trabalhavam na casa afirmaram se tratar de bijuterias de pouco valor. Beaubrun, que já tinha apreendido grande quantidade de joias na primeira busca, apreendeu o conjunto de "bijuterias". O laudo da perícia foi surpreendente: 1 milhão de reais em joias, um valor que corroborava o esquema de lavagem através de joalherias mostrado pela investigação. Não eram apenas presentes, como disse Cavendish.

A participação da Delta no cartel de empresas que se beneficiavam de fraudes no governo Cabral foi fundamental para o destino do ex-governador. Por causa dessa ligação, o STJ definiu que as investigações sobre os esquemas no governo fluminense tinham conexão com os crimes cometidos pela Delta revelados pela Operação Saqueador. Isso significava que os casos ficariam nas mãos do juiz Marcelo Bretas, que se mostraria rigoroso na penalização dos delitos de colarinho-branco nos anos seguintes.

Um último elemento também foi definitivo para selar a sorte de Cabral. Na verdade, foi um erro de estratégia do líder da máfia fluminense, e que ajuda a mostrar como pequenos detalhes podem pôr tudo a perder no combate a grandes esquemas de corrupção num país onde as leis muitas vezes são feitas para proteger quem as infringe. Uma das proteções legais que têm beneficiado autoridades criminosas é o foro especial. As cortes superiores, com juízes indicados pelo Executivo, têm sido mais lenientes, e sobretudo mais lentas, no julgamento dos acusados.

No primeiro semestre de 2014, a própria Lava Jato ainda engatinhava. Em abril daquele ano, Sérgio Cabral renunciou ao cargo de governador para que seu vice, Luiz Fernando Pezão, ganhasse espaço já com vistas à eleição de outubro. Cabral estava altamente impopular desde o ano anterior, quando foi um dos políticos mais visados pelos protestos de junho de 2013. Para a surpresa até de aliados, decidiu não se candidatar em 2014 — se fosse eleito deputado federal, por exemplo, o que não seria difícil para quem teve dois mandatos como governador, teria garantido a prerrogativa de foro.

Ao dispensar um novo mandato, tornou-se alvo da Lava Jato nos anos seguintes. Em junho de 2016, com as descobertas trazidas pela delação da Andrade Gutierrez, pela Operação Saqueador e por outros casos, foi criada a força-tarefa no Rio, juntando MPF e PF. Em novembro daquele ano, os procuradores já tinham reunido elementos suficientes para pedir a prisão preventiva do ex-governador. Cabral recebeu a visita da PF em sua casa, no Leblon, na manhã de 17 de novembro de 2016. Era a Operação Calicute nas ruas.

A Lava Jato do Rio foi um exemplo de investigação em que a polícia e o MP cumprem seu papel sem omissões, e na qual a Justiça não protege os poderosos — cria um círculo positivo que aumenta a própria capacidade de desvendar crimes. Um mês depois da prisão preventiva de Cabral, em dezembro de 2016, dois irmãos bateram à porta do MPF do Rio. Eram Marcelo e Renato Chebar, e até então a força-tarefa da Operação Calicute jamais ouvira falar deles.

Os irmãos Chebar se apresentaram como operadores financeiros, eram os doleiros que trabalhavam para Sérgio Cabral. Contaram aos procuradores que haviam movimentado mais de 100 milhões de dólares para o ex-governador, no Brasil e no exterior, na maior parte das vezes usando contas e offshores registradas em seus nomes para movimentar o dinheiro do político.[10] A prisão do principal líder do esquema mafioso no estado lhes deu a certeza de que a Lava Jato fluminense não pouparia ninguém. Convictos de que seriam alcançados, entregaram-se voluntariamente. Apresentaram uma série de provas, extratos bancários e todo tipo de detalhes que abriram inúmeras outras frentes de investigação.

A partir desse ponto, e junto a provas descobertas por outros caminhos da investigação, veio a avalanche que transformou a Operação Calicute num caso único do combate à corrupção no Brasil. Os anos Cabral passarão para a história como o período em que a administração estadual no Rio de Janeiro foi inteiramente corroída por uma organização delinquente. Para onde as provas e indícios apontassem, era descoberto um novo foco de fraude, mostrando que os desvios de recursos públicos haviam se tornado o padrão, uma verdadeira institucionalização do crime.

Sucediam-se desdobramentos da investigação principal, revelando modalidades diversas de drenar recursos estatais. Em março de 2017, a Operação Tolypeutes desbaratou a corrupção na área de Transportes, notadamente na construção da Linha 4 do metrô, a obra mais cara do governo estadual naqueles anos. O caso foi batizado dessa maneira porque "tolypeutes" é o nome científico do tatu, uma referência ao "tatuzão", o equipamento utilizado para abrir as escavações para passagem dos trilhos.

No mês seguinte, a Operação Fatura Exposta mostrou como funcionava o esquema na área de Saúde. O secretário Sérgio Côrtes aliou-se ao empresário Miguel Iskin, que atuava na importação de equipamentos hospitalares, para superfaturar a compra de insumos médicos por parte do estado.[11] A fraude ocorria desde que Côrtes era diretor do Instituto Nacional de Traumatologia e Ortopedia (Into), num caso de transposição da corrupção da esfera federal para a estadual, mantendo os mesmos atores.

Se a corrupção em secretarias de grandes orçamentos como a de Saúde ou responsáveis por obras de vulto como as de transporte são quase uma "tradição" das administrações brasileiras, no caso do governo Cabral ela estava espraiada por todos os lados. Em junho, foi a vez do fornecimento de alimentos para presídios, hospitais e escolas do estado. A Operação Ratatouille revela as relações de outro empresário, Marco Antônio de Luca. Conforme comprovaram as investigações, ele pagou propina ao grupo de Cabral para ganhar contratos de compra de alimentos pelo governo estadual.[12]

Nas ramificações do crime institucionalizado, as fraudes pilotadas pelo governo Cabral não pouparam o já combalido sistema de saúde nem a merenda das crianças matriculadas nos colégios públicos. Em contraste com a pobreza de algumas áreas e regiões do Rio de Janeiro, com o abandono dos hospitais públicos, com a alta criminalidade das favelas e das ruas da capital, com a decadência financeira das universidades públicas como a Uerj, houve o abuso das centenas de voos de helicóptero do estado para transportar a família até a casa de praia em Mangaratiba — incluindo até o cachorro de estimação. Ou os passeios de bicicleta pelas ruas de Paris, os jantares nos mais caros restaurantes da capital francesa e seus ternos de grifes italianas, para citar algumas marcas registradas do período Cabral. O sistema processual penal brasileiro, que historicamente deixa impune o criminoso do andar de cima, emprestou a Sérgio Cabral uma coragem desmedida para roubar, além de uma certeza inabalável de que jamais seria alcançado. Hoje o ex-governador é detento em uma penitenciária que ele mesmo inaugurou.

Em outubro de 2017, a Calicute revelou a face internacional dos desmandos do grupo que comandava o governo estadual. Com base em informações e provas cedidas pelos irmãos Chebar, a Operação Unfair Play denunciou a compra de votos de integrantes do Comitê Olímpico Internacional no processo de escolha, em 2009, da sede dos Jogos Olímpicos de 2016. Aquela investigação foi impulsionada também por um pedido de colaboração de autoridades da França, que identificaram pagamentos ao então presidente da Federação Internacional de Atletismo (IAAF, na sigla em inglês), Lamine Diack.[13]

O senegalês e seu filho, Papa Diack, receberam 2 milhões de dólares do grupo de Cabral, de acordo com os extratos obtidos pela investigação. A operação levou temporariamente à prisão o presidente do Comitê Olímpico do Brasil (COB), Carlos Arthur Nuzman. Além de alegar inocência, a defesa de Nuzman argumentava que sequer haveria crime a se investigar, pois o COI era uma entidade privada, e a legislação brasileira só prevê corrupção em casos de pagamentos ilegais a agentes públicos. Os investigadores, porém, defendiam que o dinheiro pago aos membros do COI fora desviado dos cofres estaduais, argumentação acolhida pela Justiça.[14]

Foi um caso de forte simbolismo. Se a quantia em questão (2 milhões de dólares) não era das maiores, comparada a outros esquemas, a escolha do Rio como sede das Olimpíadas propiciou outras inúmeras oportunidades de saque aos cofres públicos durante os anos seguintes de organização dos Jogos. Um dos vários casos revelados foi a propina cobrada por dirigentes da Caixa Econômica Federal para liberação de recursos que financiariam a revitalização da Zona Portuária do Rio, um dos projetos ligados à Olimpíada carioca.[15]

Foi também uma síntese do grau de deterioração dos três níveis de administração pública do país. No momento de auge da exposição do Brasil no exterior, estavam presentes na cerimônia de eleição da sede dos Jogos, em 2 de outubro de 2009, na Dinamarca, junto do governador Sérgio Cabral, o presidente Luiz Inácio Lula da Silva e o prefeito do Rio Eduardo Paes. Os três comemoraram uma vitória que, soube-se depois, foi turbinada por propina paga com dinheiro público — ainda que Lula e Paes não estejam implicados no episódio.

A comemoração calorosa dos políticos em Copenhague não devia ser a mesma que fizeram milhares de cariocas na praia de Copacabana, naquele mesmo dia. Dos que estavam à frente da delegação brasileira na Dinamarca, Lula, Sérgio Cabral e Nuzman já foram presos pela PF, ainda que por diferentes motivos. No ambiente de abismo moral dos nossos últimos governantes, não é absurdo acreditar que os grandes eventos esportivos internacionais sediados pelo Brasil nos últimos anos, incluindo a Copa do Mundo de Futebol de 2014, com seus doze estádios superfaturados, não foram outra coisa senão projetos da plataforma do crime institucionalizado.

Ainda na sequência dos trabalhos da Lava Jato no Rio, a Operação Ponto Final descortinou o Legislativo fluminense a serviço dos interesses privados, outro conceito central da institucionalização do crime. Os principais empresários de ônibus pagavam propina aos deputados estaduais para barrar investigações e projetos que afetavam seus interesses e aprovar legislações que os beneficiavam. Era um mensalão, mas não pago pelo Executivo, e sim por empresários com negócios no estado.[16] A prisão dos principais executivos do setor de transportes levou a Calicute à figura que havia muitos anos dava as cartas na política fluminense: o deputado estadual e presidente do MDB local, Jorge Picciani.

Se o governo Cabral teve em si diversos componentes do crime institucionalizado, vários deles se encontravam reunidos, conforme demonstraram as investigações, no clã Picciani. O pai, Jorge Picciani, foi preso na Operação Cadeia Velha, sob acusação de gerenciar o pagamento de propina dos empresários de transporte a deputados estaduais. Presidente por mandatos sucessivos na Assembleia Legislativa do Rio, Picciani tinha poder de nomear indicados no Executivo estadual e também fazia conselheiros no Tribunal de Contas do Estado (TCE).[17]

Tradição da política brasileira, dois de seus filhos seguiram a carreira do pai. Leonardo Picciani foi deputado federal e ministro do Esporte no governo de Michel Temer. Já Rafael Picciani foi deputado estadual e secretário municipal de Transportes na gestão de Eduardo Paes. O terceiro filho não foi para a política, mas esteve junto do pai na prisão em decorrência das investigações da Lava Jato fluminense. Felipe Picciani foi o filho designado para cuidar dos negócios privados da família, principalmente a criação de gado. Segundo a colaboração premiada do ex-presidente do TCE do Rio, Jonas Lopes, a Agrobilara, empresa dos Picciani, era usada para lavar dinheiro de propina falsificando a venda de cabeças de gado.[18] Era a mesma família atuando nos dois lados do balcão no esquema, tanto no setor privado quanto na esfera pública, segundo denúncia do MP aceita pela Justiça.[19]

Finalmente, o que se testemunhou no *day after* do governo Sérgio Cabral foi o estado do Rio de Janeiro como terra arrasada. O projeto das UPPs fracassando quase que por completo, a criminalidade de rua disparando, hotéis com baixíssima ocupação e o crônico estrangulamento financeiro do estado, com atraso no pagamento de fornecedores e da folha salarial dos servidores.

Justamente no período em que o estado aspirava viver seus melhores dias, a reboque do legado olímpico a ser supostamente deixado pelos jogos de 2016, houve um dos piores momentos da história do Rio. Mas o que o povo do Rio viu, como nenhum outro, foram os efeitos desse fenômeno da criminologia chamado delinquência institucionalizada.

A BALEIA APARECE DE RELANCE – UM CASO EM PERNAMBUCO

Jorge Pontes: Quando desembarquei em Recife para assumir a superintendência da PF em Pernambuco, me deparei com uma peculiaridade acintosa para qualquer autoridade policial.

Tinha viajado de Brasília à capital pernambucana com dois membros do MPF que acompanhariam minha posse, na sede do Tribunal Regional Federal da 5ª Região, em fevereiro de 2007. Logo que saímos do aeroporto, no trajeto até o hotel, nos chamou a atenção a existência de um estabelecimento que aparecia quase a cada esquina. Parecia uma rede de farmácias, ou uma casa lotérica, com letreiros luminosos bem coloridos, onde se lia "Monte Carlo's". O que nos intrigou foi a quantidade de imóveis com a mesma franquia. O senhor que nos acompanhava na viatura, questionado sobre aquilo, disse que se tratava de uma "rede" de lojas que explorava o jogo do bicho.

Nem as maiores cadeias de farmácia ou de fast-food somariam tantas unidades como a Monte Carlo's tinha em Recife. Um dos procuradores falou, em tom de brincadeira: "Doutor Pontes, é uma vergonha a céu aberto para a polícia local, o senhor tem que acabar com isso".

Numa das primeiras reuniões com minha equipe, dias depois, soube que a tal "rede Monte Carlo's" estava realmente ligada ao jogo do bicho, ou seja, era ilegal. Como contravenção penal, no entanto, aquela era uma atribuição da Polícia Civil de Pernambuco. Não era, a princípio, "uma vergonha" direta para a PF, mas suas atividades escancaradas nos causavam incômodo.

No Rio de Janeiro, os apontadores de bicho, sentados em pequenos caixotes de madeira nas esquinas de todos os bairros, causam "constrangimento" às autoridades ao registrar a jogatina ilegal de forma escancarada. Aquela situação era ainda mais vergonhosa. Até porque as lojas onde eram operadas as atividades recebiam um alvará do poder público para poder funcionar. Era a institucionalização do errado.

A vida seguiu na superintendência da PF. Por vezes especulávamos como poderíamos desbaratar a Monte Carlo's sem parecer uma intromissão nas atribuições da Polícia Civil, ou um desvio nas nossas competências. Precisávamos de um motivo concreto para atuar de forma legítima. Um dia, em abril de 2007, o delegado federal Bernardo Gonçalves de Torres entrou esbaforido no meu gabinete, dizendo que tinha a informação de que Carlos Ferreira, o dono da rede Monte Carlo's, estava saindo de São Paulo num jatinho com aproximadamente 1 milhão de reais em espécie, sem procedência legal.

Os informantes ainda avisaram que Carlos teria ido a São Paulo comprar máquinas para sua franquia do jogo do bicho eletrônico, e estaria retornando com o dinheiro vivo, pois o negócio não fora fechado. O delegado Bernardo montou rapidamente uma equipe e partiu para o aeroporto. O avião chegou ao Guararapes na hora esperada e o empresário foi abordado ainda na pista por nossa equipe. Além do dinheiro sem procedência, apreendemos o notebook de Carlos Ferreira. Em menos de uma semana, após quebrar judicialmente o sigilo dos dados armazenados no computador, Bernardo descobriu informações valiosas e comprometedoras para prosseguir na investigação que levaria à operação contra a franquia do jogo do bicho eletrônico em agosto.

Nos preparativos para a operação, tomei cuidados adicionais para evitar o vazamento do caso. Joguei a operação deliberadamente para a Diretoria de Combate ao Crime Organizado. Os esquemas investigados diziam respeito ao cometimento de crimes fazendários, o que faria a operação a princípio ficar com a Coordenação-Geral de Polícia Fazendária (CGPFAZ) e, por conseguinte, com a Diretoria Executiva (DIREX), a quem se subordinava a CGPFAZ na época.

Eu sabia que alguns delegados federais da DIREX tinham laços de amizade com membros da Secretaria Estadual de Defesa Social (SDS) de Pernambuco, equivalente à Secretaria de Segurança Pública em outros estados. Preferi, assim, "interpretar" o esquema investigado como "crime organizado" e vinculá-lo à Diretoria de Combate ao Crime Organizado, à época dirigida pelo delegado Getúlio Bezerra, um dos ícones da PF no combate às organizações criminosas.

Na véspera da operação, liguei para o diretor-geral da PF, Paulo Lacerda, para comentar sobre a deflagração da nossa ação. Disse a ele que avisaria ao secretário de Defesa Social de Pernambuco somente após a prisão do alvo número um da operação. Lacerda concordou. Ele entendia que minha maior preocupação era evitar que houvesse vazamento pelas autoridades locais.

A operação, batizada de Zebra, foi bem-sucedida. Logo após às seis horas, depois de prendermos o empresário Carlos Ferreira, telefonei ao secretário de Defesa Social do estado para avisar o que estava em curso. Depois, subi ao setor de monitoramento dos áudios para acompanhar os números da operação, que é basicamente a contagem de alvos presos ao longo da manhã.

Os membros da quadrilha, ao serem presos, começam a ligar uns para os outros e para os advogados, num clima de desespero. Lembro que um dos alvos ligou para seu advogado que, por acaso, naquela operação, também fora identificado como participante do esquema. O advogado, constrangido, buscava palavras suaves para dar a entender que recebia, naquele mesmo momento, a visita da polícia. O cliente demorou, mas finalmente se deu conta de que a pessoa que deveria socorrê-lo também estava indo em cana.

Era o desmonte da maior rede de jogo do bicho eletrônico fora do eixo Rio-São Paulo. Durante a operação, foram apreendidos um avião a jato, um helicóptero, dois iates e vinte carros de alto luxo. A Justiça Federal determinou o bloqueio de dez imóveis do grupo e congelou aproximadamente 50 milhões de reais em bens.

As investigações mostravam que um grupo de policiais civis e militares de Pernambuco tinha forte participação no esquema — o que justificava minha preocupação de designar o caso para departamentos da PF cujos membros não tinham ligações com as autoridades locais. Segundo o inquérito, cabia aos policiais estaduais fazer a segurança das casas de jogos ilegais e do transporte dos recursos da quadrilha.[20]

Aquele grupo delituoso teria sonegado entre 135 milhões e 140 milhões de reais num período de cinco anos, apenas com máquinas caça-níqueis. Naquela operação atuaram duzentos policiais federais, que cumpriram mandados de prisão e de busca e apreensão na Grande Recife, no Rio de Janeiro, na Bahia e em São Paulo. Foram presas quinze pessoas. A quadrilha era especializada em lavagem de dinheiro, sonegação fiscal e contrabando.

Eu tinha absoluta certeza de que aquela operação não agradaria ao governo de Pernambuco. Se a Monte Carlo's operava de forma tão escancarada e nenhuma autoridade local a reprimia, era porque não interessava ao establishment político estadual interromper suas atividades.

Corria a administração do governador Eduardo Campos. Nunca me esqueço de uma passagem: no fim da tarde, no meu gabinete, com a superintendência ainda cheia de jornalistas cobrindo a Operação Zebra, eu tomava um café com o delegado Rogério Galloro, meu número dois em Recife e que em 2018 seria nomeado diretor-geral da PF. Galloro, que percebia as coisas da mesma forma que eu, fez um alerta em tom irônico, com um sorriso na boca, mas falando sério: "Pontes, com essa operação você vai acabar sendo indicado para chefe da Interpol".

Ele sabia que aquela operação iria incomodar os poderosos locais. Foi um dos primeiros e mais intensos contatos que tive com a baleia do crime institucionalizado, tanto pelas organizações criminosas que atuavam no aparato estatal quanto pela reação do sistema. Cerca de um mês depois dessa operação, fui convidado para assumir o "irrecusável" posto de chefe da Interpol no Brasil, deixando o comando da unidade de Pernambuco dois anos antes do previsto.

O DELEGADO DA GRAVATA-BORBOLETA

Jorge Pontes: Nos estados do Nordeste brasileiro, a PF adquiriu grande experiência na repressão ao plantio, transporte e comercialização de maconha. Todos os anos, há décadas, são planejadas e deflagradas operações de combate a essas atividades, presentes, sobretudo, no interior da Bahia e de Pernambuco. Os policiais federais lotados nesses estados, assim como na Paraíba e em Alagoas, desenvolveram uma expertise diferenciada para reprimir crimes relacionados à droga. As ações são costumeiramente deflagradas no meio do ano, considerando sempre o estágio de desenvolvimento dos pés de maconha nos cultivos. Quanto mais próxima do corte dos arbustos de *Cannabis sativa* for a deflagração, mais eficaz será a operação. A apreensão e incineração de toneladas de maconha "madura", isto é, prestes a ser colhida, representam um golpe certeiro nos grupos que se dedicam a essa atividade de "agrobusiness ilegal". Todos os recursos despendidos no cultivo são perdidos, e não há o retorno financeiro da venda da droga. Nas palavras do delegado Getúlio

Bezerra, o fator precursor da repressão ao crime organizado na PF é "alvejar a organização com uma abordagem capitalista da atividade criminosa".

Um caso emblemático da história recente da PF, em termos de influência política sobre nossos trabalhos, ocorreu na Bahia em 1993. Era o governo de Itamar Franco, e o chefe da PF à época era o coronel reformado do Exército Wilson Romão, a última pessoa a exercer as funções de diretor-geral da polícia judiciária da União sem estar no cargo de delegado. Em resumo, foi instaurado um inquérito policial para investigar uma conta fantasma aberta em julho de 1990 na agência do Citibank de Salvador.[21] O inquérito foi confiado ao delegado recifense Roberto das Chagas Monteiro, um policial de uma seriedade a toda prova, ótimo investigador, competente, muito culto, e que falava bem diversos idiomas. Sua marca registrada eram suas gravatas-borboleta, que usava onde quer que fosse.

Com apenas três meses de trabalho em Salvador, dr. Roberto puxou o fio da meada do crime investigado: obteve um cheque da TV Bahia, empresa pertencente à família de Antônio Carlos Magalhães, à época governador do estado pela terceira vez. Dr. Roberto Monteiro teria chegado à conta do Citibank por intermédio de outra conta no BMC, igualmente fantasma, utilizada pelo empresário baiano Thales Nunes Sarmento, dono da construtora Sérvia. O delegado desvendou um a um os pontos principais do esquema investigado. Ele descobriu, entre outras coisas, que a Odebrecht também depositava dinheiro na tal conta fantasma no Citibank, e que os titulares dessa conta efetivamente não existiam. Os depósitos bancários somavam 4,8 milhões de dólares, e o gerente da conta no Citibank era Renato Angelo Tourinho, irmão de um diretor da TV Bahia. O dr. Roberto Monteiro também indiciou Cláudio Chagas Freitas, afilhado de Antônio Carlos

Magalhães, por fornecer duplicatas frias no contexto dos crimes investigados.

Em pouquíssimo tempo de diligências policiais, os passos investigativos dados pelo dr. Roberto já indicavam com razoável clareza que a conta fantasma teria sido utilizada para financiar a campanha — vitoriosa — de Antônio Carlos Magalhães ao governo da Bahia em 1990. Assim, o delegado resolveu convidar Antônio Carlos Magalhães para depor. O governador não apenas ignorou o convite, como também deu um telefonema para o diretor-geral da PF. Era um dia de semana à noite no plantão do edifício sede da PF em Brasília quando tocou o telefone. Do outro lado da linha, o próprio governador da Bahia falava, pedindo o número do chefe. O plantonista obviamente não forneceu, mas, como é praxe nesses casos, ligou para o coronel Romão, que autorizou que dessem o número de sua residência.

O telefone da casa do diretor-geral tocou no meio da madrugada. Na linha estava outro "coronel", o governador da Bahia. ACM disse que mandaria "a minha polícia prender esse delegado federal que está aqui em Salvador fazendo uma investigação descabida". Era uma ameaça se Wilson Romão não o retirasse de lá imediatamente.

Na manhã seguinte, logo que chegou à superintendência da PF da Bahia, o delegado Roberto Monteiro recebeu uma chamada de Brasília. Era o dr. Nascimento Alves Paulino, delegado que ocupava a função de coordenador central policial, naquela época o segundo cargo mais importante na hierarquia da PF. O dr. Nascimento Paulino lhe repassou a ordem do coronel Romão: levantar acampamento, com a sua escrivã e todos os volumes do inquérito, e retornar a Brasília no primeiro voo. Enquanto o dr. Roberto ainda tentava entender o que se passava, o dr. Paulino foi categórico ao afirmar que se tratava de ordem do diretor-geral da PF, que, por sua vez, havia recebido a demanda do governador Antônio Carlos Magalhães.

Assim como fora mandado para Salvador, cumpridor de ordens que era, o dr. Roberto atendeu de pronto a determinação e retornou a Brasília. Mas ele também não era daqueles que se curvavam a Antônio Carlos Magalhães, e tomou uma medida que até hoje serve como exemplo aos mais novos. Percebendo que a direção da PF fraquejara diante do pedido do coronel baiano, ele atendeu à avocação,* mas não sem uma última medida: no despacho de encaminhamento dos autos, formalizou por escrito não apenas que fora instado a entregar o inquérito, mas também todos os passos que já dera, algumas de suas conclusões e, por fim, o que pretendia fazer e as próximas diligências que julgava relevantes para o sucesso da investigação.

Assim, como última medida, conseguiu amarrar o seu sucessor às suas próprias descobertas. O delegado ainda receberia pressão da direção-geral da PF para retirar aquele despacho do inquérito, mas ele se recusou a fazê-lo. Disse que os chefes poderiam fazer aquilo, já que ele não tinha mais ascendência sobre o caso, mas guardou consigo uma cópia do despacho, e ninguém ousou retirar o documento dos autos. O ato final do delegado Roberto das Chagas Monteiro na presidência daquele inquérito policial não somente salvou a PF de um vexame total, mas acabou dando suporte ao MPF, que seguiu em frente na investigação daqueles fatos criminosos. A PF do coronel Wilson Romão acabou repassando o inquérito para outro delegado, que presidiria as investigações de Brasília. Não há registro confirmando se o então governador Antônio Carlos Magalhães acabou sendo ouvido.

---

* Ato de retirar de uma autoridade policial uma investigação sob sua presidência.

Essa é uma história — já sob a Constituição de 1988 — que merece ser lembrada, porque mostra como nossa instituição necessita de autonomia. Durante décadas, rezou na PF a lenda de que um delegado nunca foi nomeado superintendente regional da Bahia sem o aval de Antônio Carlos Magalhães.

Até o início da administração do dr. Paulo Lacerda, em 2003, os superintendentes da PF no Nordeste costumavam permanecer por muitos anos no cargo. De uns tempos para cá, já no curso da era das megaoperações, a PF começou a deflagrar ações repressivas de vulto na região, atingindo em cheio a sua elite política. Como ocorre de tempos em tempos, novas gerações de delegados federais locais mudam a face da instituição. Hoje há um grande número de delegados que não se curva a essas elites e está completamente engajado em atacar o crime institucionalizado. O pernambucano dr. Roberto Monteiro teve uma trajetória que inspirou muitos desses colegas.

# 9. Os obstáculos ao trabalho da Polícia Federal

> Uma única mala talvez não desse toda
> a materialidade criminosa que a gente necessitaria
> para resolver se havia ou não crime [...].[1]
> Fernando Segovia, ex-diretor-geral da Polícia Federal

Márcio Anselmo e Jorge Pontes: O sigilo das ações dos policiais que combatem organizações criminosas entranhadas no poder público é protegido pelas leis e por rotinas legais que os próprios policiais adotam para garantir a inviolabilidade do trabalho. A regra de sigilo é universal: quanto menos gente souber, menor a chance de vazamentos. A investigação de autoridades governamentais de peso pode se tornar tão complexa e delicada que o nível de estresse, e até mesmo pavor, em relação aos vazamentos chega a parecer paranoia, mas as justificativas são reais.

O procedimento se inicia na atuação regular dos delegados que presidem os inquéritos policiais (IPLs) e culmina na deflagração das ações repressivas — quando a equipe policial vai a campo realizar uma ação de interesse, geralmente cumprimento de mandado de busca e apreensão e/ou prisão preventiva ou temporária. Uma grande operação pode reunir ao mesmo tempo centenas de policiais em inúmeras cidades e estados do país — e não costuma durar mais do que cinco ou seis horas, exceto quando há, por exemplo, apreensão de grande quantidade de dinheiro em espécie, de joias ou realização de diligências em locais de grande dimensão. Um desses casos foi a ação de busca e apreensão na sede da Odebrecht em São Paulo, na fase *Erga Omnes* da Lava Jato, que começou ao nascer do sol e só terminou depois das 22 horas.

Entretanto, para os policiais, esse trabalho se inicia ainda algumas horas antes do nascer do sol. Geralmente aqueles que participam da ação já estão de pé por volta das três da manhã para colocar a famosa roupa preta, checar equipamentos (que podem envolver lanternas, algemas e armas longas) e se deslocar até o local onde ocorrerá a reunião para a ação — que costuma acontecer na sede da PF local ou mais próxima.

Durante as operações, não é incomum surgir a necessidade de solicitar à Justiça mandados de busca complementares — o que aconteceu, por exemplo, em diversas fases da Lava Jato e em investigações de porte similar. O momento de ir para a rua, porém, é o resultado de apurações que se iniciam meses, ou até anos, antes. É uma das fases do inquérito policial, que busca e analisa provas de materialidade e de autoria dos crimes.

Até o delegado pedir à Justiça — a que chamamos representar — autorização para buscas e prisões, é percorrido um longo caminho para persuadir a autoridade judicial. Acontecem muitas conversas, e representações são endereçadas ao juiz do caso. Esse trabalho de convencimento é feito também com a participação dos procuradores da República, que necessariamente opinam para auxiliar a decisão do juiz. Há ainda, antes mesmo da elaboração das representações judiciais, muita discussão interna, em que o delegado solicita aos seus superiores o apoio material e de recursos humanos, necessários para a realização da ação policial. Às vezes, a viabilidade da operação é analisada por esferas administrativas dos órgãos centrais, tendo em vista a necessidade da alocação de recursos policiais vindos de outras unidades da PF ou mesmo de policiais que detenham algum conhecimento especializado, como o conhecimento de um idioma específico e incomum para atos de interceptação telefônica. Na primeira fase da Lava Jato, por exemplo, alguns investigados se comunicavam em árabe, então um policial que conhecia o idioma se deslocava de tempos em tempos para ajudar nas traduções dos diálogos.

Numa passagem curiosa, ainda durante a primeira fase, um dos doleiros monitorados, ao começar a tratar de um tema sensível por telefone, começou a falar em francês, mas mal sabia ele que o policial do outro lado durante a interceptação era fluente no idioma.

A manutenção do sigilo em casos que vão se alongando por meses e abrindo o leque para muitos alvos é imprescindível desde o início dos trabalhos.

O inquérito principal da Lava Jato, que possuía nas origens histórias ainda da época do Banestado, tinha como alvo quatro doleiros: Alberto Youssef, Nelma Kodama, Raul Srour e Carlos Habib Chater. O nível de compartimentação era absurdo: quem puxava o fio da meada de um doleiro não conhecia o desenrolar das outras pontas. Muitos agentes não sabiam nem mesmo da existência dos outros alvos. O ponto de interseção entre os quatro grupos eram os delegados Márcio Anselmo — que coordenava a operação e as medidas de polícia judiciária —, Erika Marena, chefe da delegacia de crimes financeiros, e Igor Romário de Paula, delegado regional de combate ao crime organizado.

Essa era a chave para que tudo funcionasse bem. Insistir na compartimentação, para que cada detalhe fosse do conhecimento do menor número possível de pessoas, não era necessário apenas por desconfiança de algum policial ou envolvido no caso. Muitas vezes, há vazamentos não intencionais.

Em alguns casos, a tentativa de obter informações sigilosas não vem da imposição hierárquica na PF ou no Ministério da Justiça, mas por meio de pessoas que possam ter alguma ligação com quem está atuando nos inquéritos. Quando isso começa a acontecer, sabemos que as investigações podem ter vislumbrado parte da baleia, ou seja, estão próximas de esbarrar em algo grande.

A prisão do ex-diretor da Petrobras Paulo Roberto Costa, em 20 de março de 2014, ilustra bem esse caso. Ali se acenderam alertas de que a Lava Jato estava avançando sobre grandes esquemas. Naquele mesmo dia, um importante delegado federal aposentado visitou a superintendência da PF no Paraná. Depois de se aposentar, Jaber Makul Hanna Saadi — que havia sido superintendente tanto no Paraná quanto em São Paulo — se tornara sócio do ex-ministro da Justiça Márcio Thomaz Bastos.

Ficou claro para os investigadores que, ao fazer a visita justo naquela semana, Jaber tentava sondar o que era exatamente a Lava Jato, e para onde iam as investigações. Também por aqueles dias, Antônio Carlos de Almeida Castro, o Kakay, um dos advogados mais bem relacionados do mundo político, se apresentaria para defender Alberto Youssef. O doleiro era conhecido dos policiais da Lava Jato havia muitos anos, desde a época do caso Banestado. Certamente, Kakay não era uma simples contratação de Youssef. Havia gente muito importante por trás daquilo, querendo saber onde tudo poderia dar e quem seria atingido.

Nenhum dos dois conseguiu obter informações ou pistas que pudessem atrapalhar o curso daquele caso, porque os policiais souberam proteger seu trabalho.

O DIA MAIS TENSO: OPERAÇÃO NA RUA

O dia da deflagração de uma grande operação — que chamamos de D-0 — é o mais tenso, e cercado dos maiores cuidados. Além da atuação do delegado que preside o inquérito, são também fundamentais a eficácia e a dedicação dos policiais encarregados exclusivamente da coordenação das ações repressivas — organização, métodos e logística.

Há uma infinidade de informações e orientações que devem ser compartilhadas com centenas de pessoas: identidade e grau de periculosidade dos alvos; dimensão e natureza dos imóveis a serem vasculhados nos endereços onde devem ser cumpridos os mandados de busca e apreensão; organização dos meios materiais, como viaturas, rádios transmissores, sacolas para acondicionamento do material apreendido, câmeras e celulares para registro das ações; horário de saída e contingente necessário (escrivães, delegados, peritos e agentes); dossiês sobre os alvos dos mandados; formação das equipes para cada ação e separação das salas para oitivas dos presos; viabilização de aeronaves para transporte dos policiais; alojamento e alimentação das equipes na véspera da ação etc.

Na noite da véspera, algumas centenas de policiais federais chegam à unidade que centralizará a operação. Alguns usam voos de carreira, outros, Hércules da Força Aérea Brasileira, e há ainda os que vêm de unidades vizinhas em viaturas descaracterizadas. No local de pernoite, no jantar, a visão de centenas de agentes federais, mulheres e homens, com seus uniformes operacionais negros, injeta adrenalina em quem está pronto para ir às ruas. O aquartelamento muitas vezes acontece em bases militares localizadas nos arredores da cidade que abriga a operação.

Novamente, medidas são tomadas para evitar vazamentos. Pouco mais de uma hora antes da saída, no local de aquartelamento, ainda de madrugada, todas as equipes participam de uma reunião a que chamamos de briefing da operação. Na maioria das vezes, as pessoas que falam nessa preleção são o diretor da área, vindo de Brasília, dependendo do seu interesse e da importância da operação; o superintendente regional; e em seguida o presidente do inquérito, que passa, para cada um dos delegados federais que participam como chefes de equipe, as perguntas que devem ser feitas nos depoimentos.

O presidente do inquérito, ou alguém previamente orientado por ele, é também quem explica — muitas vezes individualmente para cada equipe — peculiaridades do esquema a ser debelado, as pessoas envolvidas e o volume de dinheiro desviado, e passa dicas e orientações sobre que tipos de provas e evidências são mais importantes de serem coletadas. Por último, o delegado que planejou a operação propriamente dita se dirige às equipes e se coloca à disposição para esclarecer as inúmeras dúvidas e problemas que podem ocorrer no desenrolar das ações. É essa autoridade que cuida do aquartelamento das equipes, que determina, antes do briefing, a distribuição dos "cadernos de missão", envelopes com detalhes sigilosos sobre cada um dos alvos. Tudo ocorre quase sempre de madrugada.

Mais uma vez, algumas fases da Lava Jato ilustram a preocupação de se preservar todo tipo de informação. Pelo impacto e importância da mais bem-sucedida devassa contra a corrupção no país, essa sequência de procedimentos foi subvertida, ou teve etapas não realizadas. Nas operações mais críticas, por exemplo, os delegados responsáveis abriram mão do briefing para as dezenas de agentes que participariam da ação. Não se fazia o costumeiro "quem é quem" no esquema nem se desenhava qualquer tipo de organograma. Mesmo os nomes dos policiais que integravam as principais equipes permaneciam em segredo para os demais.

Os policiais que vinham de outros estados só ficavam sabendo quem eram os alvos em cima da hora. Em vez de fixar em um quadro a lista de alvos, como era de costume, muitas vezes essa relação ficou em branco ou com a ordem embaralhada. A praxe na PF era enumerar as pessoas a serem presas por ordem de importância, e essa acabou sendo mais uma metodologia abandonada em nome do sigilo.

Não se tomavam esses cuidados por preciosismo: sabia-se que alvos tão poderosos como os da Lava Jato, que dispunham de muito dinheiro e dos mais renomados criminalistas do país, tinham capacidade de se infiltrar nas operações.

Em situações "normais", após o briefing a palavra é oferecida aos participantes para que as dúvidas finais sejam resolvidas. Depois disso, chega o momento de ganhar as ruas. Dependendo da ação, são previstos o engajamento e a atuação dos peritos criminais federais ou de auditores da Receita, do TCU e da Controladoria-Geral da União (CGU), por exemplo. Os policiais se reúnem em frente aos seus respectivos carros, e os que nunca trabalharam juntos aproveitam para se apresentar. Ali fazem a checagem final e o *double checking* no seu armamento pessoal: Glocks, HKs, Sig Sauers, Walther PPKs são verificadas e coldreadas pelos agentes.

As viaturas saem em pequenas filas do quartel ou da base, com pouca diferença de tempo entre uma e outra, dependendo da distância dos respectivos alvos. A primeira a sair é a que busca o criminoso mais distante, e assim sucessivamente. Os carros levantam poeira e, em pouco tempo, cada um seguirá o próprio rumo.

O momento da chegada das equipes nas residências dos alvos e o das primeiras detenções são acompanhados em tempo real pelos Núcleos de Análise. Normalmente, nos primeiros quarenta minutos de operação, as prisões já estão cem por cento realizadas.

Muitas das megaoperações da PF ocorrem em mais de uma cidade. Portanto, o trabalho de planejamento operacional pode igualmente alcançar ações policiais que serão realizadas em diversas unidades, inclusive com diferença de fuso horário. Dependendo das dimensões de cada uma dessas pernas da ação, não há só uma coordenação operacional. Ou seja, descentraliza-se o processo. A inteligência policial, contudo, permanece em um único ponto.

Tudo isso, todo o sucesso da arrecadação de provas importantes, pode facilmente cair por terra com eventuais vazamentos. Se a operação for bem-sucedida, começa uma fase que muitas vezes é mais trabalhosa que o dia da deflagração. É preciso recolher, separar, analisar tudo o que foi apreendido. E não raro são abertas novas e diversas linhas investigativas.

Essa fase tem ganhado cada vez mais importância com a rápida triagem do material que, em ações cíclicas, já servem de base para uma fase sucessiva. Por diversas vezes na Lava Jato, por exemplo, foram deflagradas fases com intervalos muito curtos em que o material apreendido em uma fase era imediatamente analisado e já embasava diligências rápidas para garantir o sucesso para alcançar outros grupos. Isso aconteceu nas fases Acarajé e Xepa, e na Pixuleco I e II, e que já teria um terceiro caso se não tivesse ocorrido o declínio de competência para São Paulo.

Todos esses cuidados para evitar a quebra do sigilo de apurações em curso e garantir a eficácia das operações nas manhãs em que a PF sai às ruas para cumprir decisões da Justiça são imprescindíveis como reforço da blindagem de nosso trabalho. Há situações, porém, principalmente quando as investigações permeiam altos cargos da República, em que os obstáculos enfrentados vão além dos riscos de vazamento. Por vezes, autoridades que estão hierarquicamente acima da própria PF se valem de seu poder para tentar direcionar, frear ou mesmo extinguir certos casos.

Houve um que ganhou enorme repercussão lá no ano de 1998 e até hoje ocupa um lugar de destaque no baú de histórias da política nacional.

O DOSSIÊ CAYMAN

Jorge Pontes: Corria o ano de 2001 e eu estava em minha sala, de onde coordenava a repressão aos crimes ambientais no país, quando fui chamado ao gabinete do então diretor-geral da PF, Agílio Monteiro, no 9º andar do edifício Máscara Negra, sede da corporação em Brasília. Quem ligou direto para o meu ramal foi Wilson Damázio, na época o número dois da PF e com quem eu despachava regularmente sobre crimes ambientais. Tínhamos um ótimo relacionamento, e ele era um chefe trabalhador e motivador com seus subordinados. Chegando à sala do diretor-geral, estavam apenas os dois, e Agílio somente me cumprimentou de modo protocolar. Damázio, sempre muito direto, foi logo dizendo:

— Meu filho, tem um inquérito sendo instaurado sobre fatos que estão chamando muito a atenção da imprensa e a Presidência da República tem interesse na elucidação desses supostos crimes.

Em seguida, me disse que já havia reportagens sendo publicadas diariamente sobre o assunto e que o ministro da Justiça havia determinado a imediata instauração de uma apuração. E me perguntou, sobre um colega delegado:

— Você se dá bem com o dr. Paulo de Tarso Teixeira?

Respondi que sim. Tínhamos sido colegas de turma na academia e mantínhamos uma relação cordial. Paulo era um pouco mais fechado, mas muito simpático. Às vezes, jogávamos a pelada de quinta-feira, frequentada por outros colegas de turma, inclusive pelo próprio Damázio. Garanti que não teria problema nenhum em trabalhar com ele.

Já supondo, mas ainda sem ter certeza do que se tratava a convocação, pensei em advertir que estava com muito trabalho na Divisão de Crimes Ambientais. Quando comecei com a ressalva, fui abruptamente interrompido por Damázio, que me trouxe à realidade e me alertou da minha gafe.

— Pontes, esquece sua divisão. Você não vê que está sendo convocado pelo diretor-geral, meu filho? — disse Damázio, engrossando um pouco o tom de voz, mas sem perder o jeito professoral e paternal que o caracterizava.

Diante dos fatos, e depois de ouvir do próprio diretor-geral que eu havia sido chamado por causa da minha experiência internacional em investigações policiais, concordei e prometi me dedicar ao máximo. Antes de sair da sala, já de pé, o próprio Agílio reiterou que grande parte do inquérito deveria ser levada a cabo no exterior, pois os criminosos estavam todos fora do país, e que teríamos, eu e o Paulo, toda a condição, sem qualquer contingenciamento, de viajar e diligenciar onde fosse preciso em busca da materialidade e da autoria dos delitos.

Esse caso, ao qual me dedicaria com exclusividade, foi o que ficou conhecido como Dossiê Cayman. É importante relembrá-lo, embora a minha pretensão aqui não tenha relação direta com o crime cometido, e amplamente relatado pela imprensa nos últimos vinte anos. Porém, duas histórias correlatas àquela investigação me fizeram perceber, pela primeira vez na minha carreira, como a elite política e ocupantes dos principais cargos da República tentam influenciar investigações em curso.

Em 1998, havia começado a circular entre políticos brasileiros um conjunto de papéis que supostamente provariam que quatro dos principais políticos do PSDB na época — o presidente da República, Fernando Henrique Cardoso, o governador de São Paulo, Mário Covas, o ministro da Saúde, José Serra, e o ex-deputado e ex-tesoureiro do partido, Sérgio Motta — tinham milhões de dólares escondidos em contas em paraísos fiscais no Caribe.[2]

Quando o caso veio à tona, a PF iniciou uma investigação para tentar provar a existência dos documentos. Intermediários dos autores do dossiê haviam feito com que os documentos chegassem ao próprio presidente Fernando Henrique Cardoso, em carta anônima enviada ao Palácio do Planalto, e a José Serra, outro atingido pela denúncia. O ministro recebeu cópias por fax, em seu gabinete. Já antes da abertura do primeiro inquérito pela PF, houve decisões pouco ortodoxas. Num primeiro momento, Fernando Henrique determinou à Casa Militar da Presidência da República que iniciasse uma investigação. Não era uma atribuição nem mesmo uma especialidade do órgão, e não surpreende que não tenham conseguido avançar muito.

Em seguida, foi feita outra tentativa, por meios não oficiais, a fim de descobrir quem estava por trás da história. O ex-senador Gilberto Miranda chegou a viajar aos Estados Unidos para contratar a empresa privada de investigação Kroll para assinalar os autores do dossiê. Mais uma vez, nada feito — o relatório final dos arapongas da Kroll era inconclusivo. O presidente Fernando Henrique, então, fez o que deveria ter sido feito desde o início: levou o caso à PF e ao MPF.

O delegado Paulo de Tarso foi designado inicialmente para presidir o inquérito, e acabou por demonstrar, naquele mesmo ano de 1998, que os documentos eram falsos. Empresários brasileiros residentes em Miami haviam comprado, de um advogado americano, uma empresa aberta em 1994 em Nassau, capital das Bahamas. Na papelada, foi incluída por falsários a assinatura de Sérgio Motta, como se ele fosse proprietário da empresa CH, J&T,

dona das contas nas Bahamas. Fernando Henrique, Covas e Serra eram apontados como sócios ocultos pelos estelionatários, que queriam vender o dossiê aos seus opositores.

Embora a fraude estivesse relativamente clara, Paulo de Tarso ainda não havia conseguido chegar aos responsáveis pela trama. Quando o delegado enviou o inquérito à Justiça, com pedido de prorrogação de prazo, o procurador da República que atuava no caso, o maranhense Luiz Augusto Santos Lima, se precipitou e ofereceu denúncia contra três acusados de envolvimento: Paulo Maluf, adversário de Mário Covas na eleição de 1998 para o governo de São Paulo; o pastor Caio Fábio dos Santos e o ex-presidente do Banco do Brasil, Lafaiete Coutinho Torres, suspeitos de intermediar a venda da papelada a políticos brasileiros. Eles foram denunciados pelo crime de calúnia.

Pela precipitação do procurador, o inquérito nunca mais voltou às mãos de Paulo de Tarso, e as investigações pararam por ali. Não sabemos se teria sido essa a intenção do procurador Luiz Augusto, mas sua atitude matou o inquérito, e com ela a possibilidade de que as investigações se aprofundassem.

O caso seria reaberto em 2001, depois de o jornal *O Globo* publicar uma entrevista, em 11 de março, com o empresário brasileiro com negócios nos Estados Unidos Oscar de Barros, já investigado pelo governo americano por burlar o sistema financeiro local. Ele era um dos acusados de vender o dossiê a políticos brasileiros, e afirmava ao jornal saber quem eram as pessoas que forjaram os papéis — uma "turminha de Miami", segundo ele.[3] Como o inquérito original havia se encerrado sem identificar quem tinham sido os autores do golpe, e diante da repercussão da entrevista de Barros, o presidente Fernando Henrique Cardoso e o ministro da Justiça, José Gregori, determinaram que a PF voltasse a se debruçar sobre o caso.

Fui chamado, então, a ajudar o delegado Paulo de Tarso, que comandara o primeiro inquérito. Durante nossa investigação, chegamos aos falsários, os empresários Ney Lemos dos Santos, João Roberto Barusco, Honor Rodrigues da Silva e sua mulher, Cláudia Rivieri. Eles haviam comprado a CH, J&T do advogado americano Robert Allen Junior.

Do lado dos políticos a quem o dossiê foi oferecido, foram tomados depoimentos de parte da elite política brasileira da época, entre eles Luiz Inácio Lula da Silva, Leonel Brizola, Paulo Maluf, Orestes Quércia e Fernando Collor, além dos tucanos acusados, Fernando Henrique Cardoso, Mário Covas e José Serra. Sérgio Motta havia falecido em abril de 1998.

Alguns desses depoimentos, tomados pelo delegado Paulo de Tarso, tiveram passagens curiosas. Sobre a participação de Lula, descobriríamos mais tarde que o petista havia designado o advogado Márcio Thomaz Bastos — seu futuro ministro da Justiça — como intermediário para ouvir a proposta de aquisição do dossiê. Thomaz Bastos viajou ao Sul em um jatinho, a pedido de Lula, com a missão de averiguar a idoneidade e a pertinência da compra dos papéis, mas depois foi desaconselhado pelo próprio Lula de seguir adiante. E Marta Suplicy, à época ainda no PT, pediu sigilo para prestar depoimento e quis ser ouvida em sua residência. Foi atendida por Paulo, mas, assim que o delegado saiu de sua casa, ao final do depoimento, surpreendeu-se com dezenas de jornalistas se acotovelando na entrada. Suspeita-se que ela mesma tenha chamado a imprensa para cobrir a visita que receberia da PF.

O primeiro episódio que revelou a desinibição de integrantes do governo federal de interferir naquela investigação da PF aconteceu assim que o inquérito foi aberto. Antes de instaurá-lo, fomos ao encontro do então ministro da Justiça, José Gregori, que queria reforçar o empenho do governo naquela apuração. Levamos, por uma questão de gentileza, o texto da portaria que abriria o inquérito, descrevendo que aquela investigação se destinava a "elucidar em toda sua extensão as circunstâncias dos fatos relacionados ao Dossiê Cayman", que era como a imprensa tratava o assunto.

Ao ler a portaria de instauração do inquérito, o ministro da Justiça, um tanto sem graça e vacilante, numa cena que hoje pode parecer folclórica, nos perguntou se não seria possível suprimir o trecho "em toda sua extensão".

A impressão era de que ele queria que a investigação confirmasse que o dossiê era falso, mas receava que abríssemos demais a amplitude das pesquisas. Nunca esqueci essa situação. Como a supressão da frase não nos obrigaria a investigar mais ou menos, tiramos as palavras do papel. Mas a partir dali fomos mais fundo, talvez em razão daquele pedido incomum. Por mais que a solicitação de supressão daquela frase parecesse patética e ineficaz, ainda assim podia ser vista como uma tentativa de restringir uma investigação da PF.

A atitude revela como ocupantes de altos cargos do governo, notadamente ministros da Justiça, ignoram a necessária autonomia de quem é titular de uma investigação. A atitude de Gregori era sem dúvida pouco republicana, mas outro episódio constituiu uma interferência bem mais concreta — grave — do governo federal no trabalho da PF.

Se as denúncias contidas no dossiê eram falsas, e não mostravam que existia, no tempo do governo Fernando Henrique Cardoso, a figura do crime institucionalizado na sofisticação que ele viria a ter mais tarde, uma atitude do próprio presidente já confirmava o desembaraço dos políticos ao tentar manipular a polícia judiciária da União.

Ainda em 1998, quando a existência do dossiê se tornou pública no Brasil e ganhou ares de escândalo, os donos da CH, J&T tomaram uma atitude para arrefecer o ímpeto investigativo das autoridades brasileiras. O advogado Emerick Knowles, representante legal dos titulares da empresa que até então permaneciam com a identidade oculta, foi autorizado a expedir um documento em nome deles declarando que Fernando Henrique Cardoso, Mário Covas e José Serra não tinham qualquer relação com a companhia.

O *affidavit*, uma espécie de declaração juramentada em que o declarante se compromete judicialmente a falar a verdade, isentava os três políticos tucanos. Havia um detalhe, porém: nada falava sobre Sérgio Motta, cuja assinatura havia sido inserida na titularidade da empresa, e que havia morrido em abril daquele ano. Posteriormente, no curso das investigações, descobrimos que os falsários silenciaram propositadamente sobre Sérgio Motta. Eles imaginavam que, com o tesoureiro das campanhas do PSDB morto, não haveria mais muita pressão sobre eles e, ainda, lançavam uma suspeita sobre alguém que não poderia se defender. Além do mais, não admitiam a culpa na falsificação dos documentos.

A cópia desse *affidavit* chegou a Brasília no fax da Interpol, e dali seguiu para as mãos do diretor-geral da PF, o delegado Vicente Chelotti. Em vez de entregá-la ao presidente do inquérito, que foi quem provocou sua própria expedição, Chelotti foi informar o presidente da República.

O papel foi mostrado a Fernando Henrique Cardoso, numa casa em Brasília onde também estariam Nelson Jobim, à época ministro do STF, e Milton Seligman, ex-ministro da Justiça e presidente do Instituto Nacional de Colonização e Reforma Agrária

(Incra). Essa informação foi confirmada pelo ex-diretor-geral da PF, Vicente Chelotti, em audiência na Justiça Federal durante o julgamento do caso.⁴

O documento que atestaria a inocência de FHC, Covas e Serra não foi bem recebido pelo presidente da República. E então Fernando Henrique Cardoso teve uma atitude que não poderia ter tido: ele "decidiu" que o documento não deveria ser incluído no inquérito e ordenou que o diretor-geral da PF fosse especialmente às Bahamas resgatar em mãos o original.

A missão foi cumprida à risca. Chelotti foi ao escritório de Knowles em Nassau e pegou o documento. Chegando ao Brasil, entregou o original ao presidente. Depois, nunca mais se viu o *affidavit*. O tal documento nunca foi encaminhado ao delegado federal presidente do inquérito policial, que, por sinal, havia solicitado a própria diligência nas Bahamas.

Foi uma clara interferência política nos procedimentos habituais de uma investigação, e que teria sido inclusive presenciada por um juiz da Suprema Corte e determinada pelo primeiro mandatário do país. Ainda que ele fosse vítima de um falso dossiê, era também em princípio um dos investigados do caso.

A história teria acabado aí se não houvesse o segundo inquérito. Na primeira vez que eu e Paulo de Tarso fomos às Bahamas, o advogado Emerick Knowles nos recebeu em seu escritório. Pegou a pasta da empresa CH, J&T e começou a folheá-la na nossa frente. Obviamente, não nos dava acesso direto à pasta, pois ali estariam dados que certamente identificariam os reais proprietários da companhia — até então ocultos.

Numa das folhas que ele passou, de forma mais vagarosa, percebi a existência do tal *affidavit*, e li rapidamente parte do conteúdo. Conhecíamos de trás para a frente os documentos da primeira investigação, e logo percebi que aquele era desconhecido. O advogado não fizera questão de escondê-lo. Perguntei rapidamente do que se tratava. Ele me disse com tranquilidade que aquele documento fora redigido por ordem dos proprietários da empresa e que já tinha entregado o original em mãos ao delegado que comparecera ao seu escritório dois anos antes. Paulo de Tarso disse na mesma hora, tentando conter o espanto, que nunca tinha visto aquele documento. Como titular do primeiro inquérito, ele deveria tê-lo recebido dois anos antes.

Quando voltamos ao Brasil, tomamos a imediata providência de juntar ao inquérito o documento que havia sido suprimido no passado. Os jornais publicaram, com muito alarde, que havíamos achado um documento que, de certa forma, incriminava o ex-diretor da PF, e que esse documento nunca teria sido levado ao conhecimento da Justiça. A imprensa, na época, interpretou o fato como se o delegado Chelotti houvesse traído a confiança do presidente Fernando Henrique, escondendo um documento que atestava sua inocência.

Fernando Henrique não se manifestou sobre o ocorrido, mas o aparecimento do documento era, na verdade, a evidência material de outro crime: supressão de documento público. Em tese, fora cometido por Vicente Chelotti, que se transformou na imprensa no único vilão da história. Era um crime, porém, com um coautor.

Intimamos Chelotti a depor e explicar por que havia ocultado o documento do inquérito. Ele não atendeu à nossa convocação e acabou indiciado indiretamente, isto é, sem estar presente. Posteriormente, perante o juiz federal do caso, disse que foi às Bahamas buscar o tal documento por ordem expressa do presidente da República. Disse ainda que, quando voltou ao Brasil, entregou o original do *affidavit* a Fernando Henrique, e que não sabia o que ele fizera com o documento. Questionado se sabia da ilegalidade de seus atos, alegou, como justificativa para a conduta, "temor reverencial". Isto é, como a ordem partira do supremo mandatário da nação, não teve como negar.

O presidente Fernando Henrique reconheceu, em depoimento à PF anos depois, em 2005, que determinou ao então diretor-geral da PF a não inclusão do documento — sua participação só veio à tona depois que Chelotti falou à Justiça. Questionado por que dera a ordem ao delegado, afirmou "que sua determinação foi em razão de que os termos daquele papel poderiam induzir a equívocos que causariam problemas políticos e econômicos ao país". Também no depoimento, o tucano relata o momento em que recebeu o *affidavit*:

> Ele [Chelotti] estava contente, dizendo que estava demonstrando que nós não tínhamos [conta no exterior]. Eu disse que não precisava demonstração de nada. Eu sei que eu não tenho. Precisava saber quem tinha feito. Era esse o caso.[5]

Nesse período, algo não nos desceu bem, algo que de fato estranhamos e que nos constrangeu, e cujas razões eu e Paulo de Tarso só entenderíamos muito tempo depois. Ali, quem sabe, foi um daqueles momentos de presságio, em que o jogo sombrio jogado em Brasília deu suas cartas. A situação ocorreu em meio à grande onda midiática contra o ex-diretor-geral Vicente Chelotti, apontado como único responsável pelo sumiço daquele *affidavit*. Tínhamos acabado de retornar de Nassau, e havíamos juntado ao inquérito o tal documento, que fora expedido dois anos antes, dando conta da inocência do presidente.

Fernando Henrique Cardoso, que supostamente tinha sido prejudicado pelo chefe da PF que ele mesmo nomeara, redigiu e divulgou na imprensa uma carta de próprio punho, destinada ao pai do ex-diretor. Na carta, para nosso espanto, o presidente desfilava elogios e declarava confiança em Vicente Chelotti. Era uma carta para aplacar o sofrimento de um senhor idoso, que certamente se afligia ao ler uma avalanche de notícias negativas sobre o filho. Contudo, a carta era, também, um gesto inequívoco de desagravo em relação ao ex-diretor-geral.

Para nós, que conseguimos provar a inocência do presidente da República, trazendo a público um documento que fora escondido por dois anos, aquela manifestação pública de apoio ao policial que escondera o expediente foi difícil de ser digerida.

Afinal, a carta, de forma tácita, representava a negação do nosso trabalho. Lembro-me até hoje do mal-estar que a publicação dessa carta nos causou. Passados aproximadamente dois anos, quando Chelotti finalmente foi ouvido pela Justiça, conseguimos entender, e com razoável clareza, as razões para Fernando Henrique ter escrito aquela mensagem.

Naquele momento, eu e o delegado Paulo de Tarso sentimos que o chão não estava muito firme sob os nossos pés. Tínhamos ido além do que o Palácio do Planalto desejava. O documento, redigido por Emerick Knowles por ordem de três escroques internacionais, se calava sobre a possível titularidade de Sérgio Motta. Esse foi o detalhe. Provamos depois, na continuidade do inquérito, que Sérgio Motta também não era titular daquela empresa offshore. O que restou, ao final da investigação, foi o medo que o Planalto demonstrou daquele blefe dos falsários.

O ex-presidente Fernando Henrique acabou sendo denunciado pelo MPF por coautoria na supressão de documento público, mas a Justiça Federal do Distrito Federal não viu elementos para receber a denúncia contra o ex-presidente.

Porém, a pergunta ficou no ar: por que o presidente preferiria determinar que o chefe da PF cometesse um ato ilícito a mostrar aquele documento? Pode ter sido por medo de que Sérgio Motta, que já não estava vivo para dar sua versão dos fatos, pudesse estar de alguma forma envolvido com recursos evadidos para contas caribenhas?

A experiência que tive nessa investigação, ao observar, primeiro, a conduta de um ministro da Justiça querendo interferir na abrangência de um inquérito policial e, depois, ao ver um diretor-geral da PF sendo identificado nas investigações por omitir evidência a mando do então presidente, me deu a certeza de que a política não vê limites para tentar influenciar a atuação da PF. Foi a primeira vez que vislumbrei como seria importante que houvesse um mandato para o cargo de diretor-geral.

Ao final pudemos entender perfeitamente o ministro José Gregori, quando, ao tomar conhecimento do teor do texto, nos pediu para suprimir a expressão sobre apurar "em toda sua extensão". Realmente, ao investigar toda a extensão do caso, nos deparamos com histórias que deveriam ter ficado esquecidas, na visão do governo.

Outro comportamento inadequado do ministro José Gregori nos atrapalhou na investigação. Em uma das diligências, ainda em busca dos donos da empresa que produzira o dossiê, estivemos em Miami. Com a ajuda de um agente do FBI com quem eu já tinha relações, o *special agent* Rick Cavalieros, identificamos pessoas próximas dos autores da fraude e estávamos no caminho de reconstruir sua trilha, rastreando laranjas e até a cópia dos cheques que foram utilizados na sua aquisição.

Naquela época, coincidentemente, estava sendo aprovado o Mutual Legal Agreement Treaty (MLAT), um acordo bilateral assinado entre o Brasil e os Estados Unidos que acelerava a tramitação de cooperação em matéria penal entre os países signatários. Ele permitia que autoridades brasileiras, incluídos aí delegados de polícia, enviassem pedidos de cooperação diretamente aos órgãos de Justiça americanos, sem necessidade da chancela e tramitação por via diplomática.

No governo brasileiro, o canal era, e é até hoje, o Departamento de Recuperação de Ativos e Cooperação Jurídica Internacional (DRCI), subordinado à Secretaria Nacional de Justiça, do Ministério da Justiça. O processo do MLAT era incrivelmente mais rápido e simples do que cartas rogatórias* e outros meios até então existentes.

Depois de conhecer os criminosos e analisar seu modus operandi, resolvemos voltar ao Brasil e preparar um extenso pedido via MLAT. Não tínhamos feito nenhuma abordagem aos suspeitos, pois queríamos surpreendê-los nos interrogatórios.

Redigimos um documento em inglês e em português. O expediente descrevia os crimes investigados, as leis penais e os dispositivos que os previam e amparavam a nossa investigação, além do rol das pessoas que queríamos interrogar e a participação de cada uma delas nos delitos. Também pedíamos diligências num banco, para confirmar a compensação de dois cheques que somavam quase 2 milhões de dólares. O documento tramitou no DRCI e foi encaminhado a Washington.

Recebemos então a autorização para viajar aos Estados Unidos e interrogar os suspeitos. Quando desembarcamos em Miami, logo soubemos, por uma de nossas testemunhas, que um jornalista brasileiro estivera na cidade, com uma cópia do nosso pedido feito via MLAT, onde constava a lista com os nomes de todos os nossos alvos. Eu não podia acreditar. Todo o cuidado que tivemos fora por água abaixo. Depois de alguns minutos,

---

* O instrumento pelo qual uma autoridade pede a outra para tomar o depoimento, ou outras medidas de cooperação, em situações sob jurisdição de outra autoridade.

Brasília nos liga dizendo que havia um repórter da revista *Época* nos procurando em Miami.

Fomos então ao seu encontro. Ele queria que contássemos tudo em detalhes, pois em uma semana fecharia aquela matéria para sua revista semanal. Pedi que não falasse com ninguém sobre nada e que deixasse para publicar a matéria mais para a frente, a fim de não comprometer os resultados da investigação. O repórter disse que a reportagem sairia de qualquer maneira e que, com a nossa negativa, iria procurar por conta própria algumas pessoas que estavam sendo investigadas. Isso atrapalharia a investigação, porque muitos dos futuros interrogados poderiam saber que estavam na mira da polícia brasileira antes mesmo de chegarmos a eles, estragando o fator surpresa.

No decorrer das investigações, com as oitivas de todos os envolvidos, descobrimos que o ministro da Justiça, José Gregori, a autoridade a quem estava subordinada o DRCI, foi quem repassou o documento do MLAT ao jornalista. O ministro vazou porque queria logo ver uma matéria que garantisse que o presidente da República não tinha nada a ver com aquela companhia CH, J&T. Ansioso, resolveu fazê-lo mesmo que pudesse prejudicar o sucesso do nosso trabalho.

Acabamos traídos pelo nosso próprio ministro. Durante todo o inquérito, o jornalista produziu matérias que chegaram a nos atrapalhar, embora o resultado final da investigação tenha atingido seus objetivos.

Se, por vezes, a divulgação pública de informações pode ajudar a constranger autoridades que estejam tentando abafar uma investigação, não são raros os casos, por outro lado, em que a atividade policial é prejudicada por revelações antes do tempo. Entendemos o timing e a natureza do trabalho da imprensa, mas temos de zelar para que o objetivo principal — descobrir e chegar até os culpados de um crime — seja preservado. Quando o vazamento parte de quem deveria ser o mais cuidadoso, é ainda mais frustrante.

OS VAZAMENTOS INSTITUCIONAIS

O início da chamada "era das Grandes Operações" na corporação data dos anos de 2003 e 2004, após o delegado Paulo Lacerda assumir a diretoria-geral da PF, no primeiro governo Lula. Ocorreu uma mudança substancial em métodos, objetivos e planejamento da atuação da PF, ocasionada por diversos fatores, e que foi se aprimorando — tanto na capacidade de investigação quanto de execução — até desembocar na Lava Jato.

A contabilização da própria PF mostra um número incipiente de dezoito operações em 2003, saltando para várias dezenas nos anos seguintes — 48 em 2004 e 69 em 2005 — até explodir para as centenas. Foram mais de duzentas por ano entre 2008 e 2013, e mais de quinhentas em 2015 e 2016.[6]

Fatores internos e externos, concomitantes, propiciaram essa nova fase da PF. Os primeiros anos do governo Lula marcaram a abertura de concursos para a corporação e a consequente entrada de uma nova geração de policiais. A maior qualificação técnica dos servidores e o aumento do investimento em tecnologia foram primordiais para esse novo momento.

A evolução do combate à corrupção e a mudança no perfil dos alvos e na abrangência das apurações despertaram, como seria inevitável, reações do sistema. A primeira delas foi ligar o alerta da classe política para o trabalho que se fazia na corporação — e a pressão aumentou consideravelmente nos últimos quinze anos. Diretores e superintendentes começaram a receber abordagens veladas, e outras nem tão veladas, acerca das operações sob suas responsabilidades.

De modo geral, a PF vem se mostrando ao longo dos anos muito resistente a esse tipo de pressão. É motivo de orgulho pertencer a uma instituição de Estado na qual não é fácil corromper seus membros. O rigor da maioria dos delegados e agentes em resistir a pressões e preservar o sigilo das investigações é o que tem garantido um histórico de sucesso.

Por causa disso, um caminho encontrado pelo sistema foi tentar "institucionalizar" o vazamento — uma prática recorrente nos últimos anos, por diversos expedientes, ora de forma mais sutil, ora nem tanto.

Um caso clássico de tentativa de vazamentos institucionalizado ocorreu no governo de Dilma Rousseff. Em março de 2012, a presidente da República e a ministra do Planejamento, Miriam Belchior, assinavam o decreto nº 7.689, destinado a estabelecer "limites e instâncias de governança para a contratação de bens e serviços e para a realização de gastos com diárias e passagens".

Entre uma série de mudanças e determinações, o pulo do gato, no que tange à PF, estava no art. 7º:

> Somente os ministros de Estado e os titulares dos órgãos diretamente subordinados ao presidente da República poderão autorizar despesas com diárias e passagens referentes a:
> I. Deslocamento de servidores ou militares por prazo superior a dez dias contínuos
> II. Mais de quarenta diárias intercaladas por servidor no ano
> III. Deslocamentos de mais de dez pessoas para o mesmo evento; e
> IV. Deslocamento para o exterior, com ônus[7]

O terceiro item, principalmente, acertava em cheio as operações da PF. Determinar que deslocamentos de mais de dez policiais só poderiam ser feitos, no nosso caso, com autorização do ministro da Justiça equivalia a exigir conhecimento prévio, por parte do próprio ministro e da cúpula do governo, de que poderia estar a caminho uma operação nessa ou naquela cidade. À época, o ministro da Justiça era José Eduardo Cardozo.

Com apenas 123 unidades para atender mais de 5500 municípios em todo o país, qualquer ação de maior vulto da PF exige o pedido de deslocamento de agentes de outras unidades. A cessão de três a dez servidores por período superior a quarenta dias pode indicar uma operação de inteligência, assim como a arregimentação de mais de dez agentes para o mesmo evento por dois a cinco dias sugere a deflagração de uma grande operação.

Algumas fases de grandes e médias operações impunham o pedido de cinquenta, sessenta, muitas vezes de mais de cem policiais. Informar antecipadamente à cúpula do governo federal que haveria uma operação era deixar a porta aberta para que a informação chegasse aos próprios alvos — desnecessário relembrar o grau de influência política de muitos investigados, quando não são eles próprios os ocupantes de altos cargos na administração federal.

Na Lava Jato, foi fundamental compartimentar ao máximo, mesmo dentro da equipe investigativa, as informações que eram colhidas e que serviam de base aos passos seguintes da operação. É claro que, obedecendo às regras do decreto em vigor, quando eram solicitados pela superintendência do Paraná deslocamentos e pagamentos de diárias, o governo desconfiava que uma nova fase da Lava Jato ganhava as ruas. Pedidos de recrutamento de um grande número de agentes para cidades como Rio de Janeiro, São Paulo e Brasília também despertavam mais atenção, e eram cercados de cuidados. De todo modo, não era obrigatório informar, no pedido de cessão de agentes, qual era o caso em questão, ou quem eram os alvos — o que seria absurdo.

As cobranças da sociedade e da opinião pública pela continuidade dos trabalhos foram muito importantes para evitar que o governo conseguisse asfixiar as ações da PF, deixando de ceder os agentes requeridos. Essa norma vigorou até a breve gestão de Eugênio Aragão como ministro da Justiça, já em 2016, no segundo mandato da ex-presidente Dilma.

Em sua campanha de reeleição, em 2014, Dilma se vangloriou seguidas vezes das operações feitas pela PF em seu governo. Tratava-se muito mais de um uso político de ações bem-sucedidas do que da realidade dos fatos. Tanto quanto lhe foi possível, o governo Dilma tentou impor obstáculos aos avanços dos investigadores.

O E-MAIL FICTÍCIO DE DILMA

Foi a partir da fase das grandes operações da PF, em 2003, que a pressão política — e dos indicados pelos políticos — passou a ser mais forte. Policiais com mais experiência, e que já chegaram a postos de comando, sabem identificar alguns movimentos. Por exemplo: quando um governador nomeia como seu secretário estadual de Segurança um delegado federal, isso pode significar uma tentativa de aproximação com a Superintendência Regional da PF em seu estado. A aproximação não é necessariamente nociva, mas pode ser estimulada por motivações não muito republicanas.

Nesse contexto, é essencial que os responsáveis pelos inquéritos garantam o máximo sigilo possível. É claro que não se trata de fazer as coisas à margem da lei. Evidentemente, todas as operações são realizadas com autorização judicial, e comunicadas aos superiores imediatos dos delegados à frente dos casos — quase sempre aos superintendentes regionais de cada estado.

Assim, em tese, nem o diretor-geral da PF precisaria ser informado sobre qualquer detalhe, principalmente sobre os alvos. Quando muito, o superintendente e a sua linha hierárquica que se ocupa da logística deverão saber da operação para que os recursos humanos e materiais sejam alocados de forma satisfatória. Se o chefe da PF não precisa saber, tampouco o ministro da Justiça precisa ser informado.

Claro que nem sempre é possível manter esse isolamento. Pelo menos um vazamento importante aconteceu em um momento crucial da Operação Lava Jato. Em seus depoimentos de delação premiada ao MP, os publicitários João Santana e Mônica Moura contaram que foram informados por Dilma Rousseff de que seriam presos. A presidente, por sua vez, fora avisada por seu ministro da Justiça, José Eduardo Cardozo.

Em fevereiro de 2016, o casal estava na República Dominicana, onde atuava na campanha presidencial local. A Operação Acarajé, que cumpriria o mandado de prisão contra os dois, estava marcada para ser deflagrada no dia 22 daquele mês. Segundo Mônica Moura, no dia 20 ou no dia 22, a então presidente Dilma entrou em contato pedindo para falar com João Santana através de um "telefone seguro".[8] As duas se comunicavam por meio da pasta de rascunho de um e-mail do qual ambas compartilhavam a senha, também conforme os depoimentos da publicitária, cujos vídeos foram anexados aos processos e divulgados por todos os meios de imprensa.

O casal tinha uma viagem marcada do Panamá para o Brasil, aonde chegariam na manhã do dia 22 de fevereiro, data escolhida para a operação. João Santana, em sua colaboração premiada, confirmou que adiou a passagem depois de ser avisado sobre a iminente prisão. Ambos foram convencidos por advogados a não fugir, e se apresentaram apenas no dia seguinte. Mesmo que João não tivesse dito em depoimento que realmente soube com antecedência o que estaria por acontecer, a falta dos laptops e celulares quando o casal se apresentou à PF já seria um indício suficientemente forte da quebra de sigilo. Cardozo nega ter feito o vazamento aos publicitários, mas o que é gravíssimo nessa situação não é o vazamento em si, mas a fragilidade de todo o processo.

Não é surpreendente que o ministro de um governo com vários de seus correligionários na mira das investigações queira interferir ou ao menos se informar com antecedência sobre os inquéritos. Dos cinco delegados que, em janeiro de 2011, foram sabatinados pelo recém-empossado ministro Cardozo por ocasião da futura escolha do novo diretor-geral da PF, três contaram a pessoas próximas que uma de suas principais preocupações era saber como e em que momento seria avisado da deflagração de operações realizadas pela corporação. À época, a PF já vinha há pelo menos sete anos incomodando criminosos de colarinho-branco e organizações estabelecidas nas mais diferentes esferas da gestão pública.

A posição de ministro da Justiça, pasta à qual a PF está subordinada, torna-se crucial em tempos de crime institucionalizado no país. É o posto de confiança do presidente da República para as questões policiais e o canal aberto por onde os poderosos das classes política e empresarial tentam pressionar ou mesmo sufocar as investigações.

CENTO E ONZE DIAS DE SINAIS TROCADOS

Em novembro de 2017, o presidente Michel Temer decidiu substituir o então diretor-geral Leandro Daiello, o mais longevo da história da PF, nomeando em seu lugar o delegado Fernando Segovia. Como o próprio presidente já era, à época, investigado em alguns inquéritos — além de já ter sido alvo de duas denúncias da PGR suspensas pela Câmara dos Deputados —, o processo de escolha do novo diretor-geral despertou ainda mais a atenção.

Articulistas na imprensa avaliavam que Segovia fora escalado para tentar proteger o presidente e aliados próximos. Jornais trouxeram detalhes que influenciaram sua nomeação. Em 9 de novembro, o colunista Bernardo Mello Franco escreveu em sua coluna na *Folha de S.Paulo* que "o ministro Eliseu Padilha também fez lobby por Segovia" e que, "entre seus padrinhos, despontam figuras notórias do PMDB", além do "Augusto Nardes, ministro do TCU".[9] Em 8 de novembro de 2017, fora publicada a notícia: "Sarney fez lobby por novo diretor-geral da PF em encontro com Temer".[10] Primeiro presidente após a ditadura, e um dos políticos mais longevos na cena brasileira, Sarney mostrava mais uma vez sua influência. Segovia já havia sido superintendente da PF no Maranhão, estado comandado por décadas pela família Sarney.

Nos 111 dias em que ocupou o cargo de diretor-geral, a atuação de Segovia emitiu sinais externos e internos de que estavam corretas as previsões da imprensa de que ele trabalharia para ao menos tentar ter maior controle sobre as apurações.

Logo na entrevista coletiva de apresentação como novo ocupante do cargo, ele deu uma declaração que entraria para os anais da política brasileira. Afirmou que "uma única mala" de dinheiro talvez não fosse suficiente para comprovar se os investigados cometeram crime de corrupção.[11]

Segovia se referia ao ex-deputado federal Rodrigo da Rocha Loures (PMDB-PR), que fora filmado pela própria PF, instituição que o delegado passaria a chefiar, carregando uma mala com 500 mil reais nas ruas de São Paulo. Foi uma operação que chamamos de ação controlada, um expediente previsto na Lei de Crime Organizado. A estratégia é atrasar o desfecho de uma ação policial para ter mais provas durante o seu curso. Nesse caso, foi extremamente exitosa. O ex-deputado foi acompanhado e filmado recebendo a mala numa pizzaria no bairro dos Jardins em São Paulo. Segundo a PGR, o dinheiro seria propina da JBS — maior empresa agropecuária do país — ao presidente Michel Temer, que indicou Rocha Loures como seu interlocutor com a companhia.

Dias depois, Segovia enfileirou declarações que expuseram seus comandados, além de pôr em xeque a própria atuação da polícia como um todo. Ao reiterar suas críticas à operação da mala de Rocha Loures, ele prometeu "fazer da Polícia Federal uma polícia republicana". Questionado se já não era, ele respondeu: "É republicana, mas tem alguns problemas. A gente vê, de vez em quando, desvios de conduta e ações com certo viés político".[12]

Afirmar que a instituição que ele passaria a comandar age com viés político foi uma forma inábil de tentar expor uma visão crítica. Falando de forma genérica, incluiu a todos no mesmo balaio. Mas Segovia tropeçou também quando fez avaliações específicas. Sobretudo por serem, a nosso ver, críticas injustas. Foi o caso de sua resposta à forma como se deu a Operação Carne Fraca, cuja deflagração impactou no comércio exterior do país. Para o novo diretor da PF, a operação, que comprovou esquemas de corrupção no Ministério da Agricultura, "foi um marketing malfeito da PF".

Na entrevista, o novo chefe da PF também não poupou comandados que estavam sob fortes críticas da imprensa. Era o caso da delegada Erika Marena, que vinha sendo atacada pela atuação no inquérito que investigou fraudes no repasse de verbas federais à Universidade Federal de Santa Catarina (UFSC), e que levou ao suicídio do reitor da instituição. Ela foi ainda mais exposta por Segovia. Da mesma forma, disparou críticas diretas à Lava Jato, já reconhecida como uma das maiores operações de combate à corrupção da história.

Os delegados responsáveis pelos inquéritos do então Grupo de Inquéritos do STF (Ginq), criado exclusivamente para atuar em investigações junto ao STF, também receberam com estranheza pequenas mudanças ocorridas após sua entrada como diretor-geral.

Investigações que têm como alvos senadores da República, deputados federais e outros políticos costumam contar com uma rotina mais cuidadosa quando essas figuras são chamadas a depor. Não era diferente na gestão do antecessor de Segovia, Leandro Daiello. A cada vez que um cardeal da política tinha de ser ouvido na condição de investigado, era permitida, por exemplo, a entrada de seus carros oficiais pelo subsolo do edifício sede da PF, e lhes era facultado aguardar na antessala do gabinete do diretor-geral. Era um tratamento protocolar, sem maiores atenções, mas respeitoso em razão dos cargos que esses políticos ainda detinham. Eram-lhes servidos os cafezinhos de praxe antes do depoimento a um dos delegados do Ginq.

Segovia avançou mais um pouco em relação a um dos inquéritos que investigavam diretamente o então presidente Michel Temer. O delegado Cleyber Lopes, integrante do Ginq e titular do caso dos portos, apurava o pagamento de propina a Michel Temer em troca da edição de um decreto que mudava regras da área portuária para beneficiar empresas que atuavam no setor — e que seriam as corruptoras do então presidente.

Ele foi alvo do diretor-geral em entrevista à agência de notícias Reuters. As declarações de Segovia, dadas no dia 9 de fevereiro de 2018, geraram enorme reação dos delegados federais. Primeiro, o diretor-geral afirmou que não havia indícios de crime por parte do presidente, o principal suspeito num caso ainda em curso:

Então, assim, os indícios são muito frágeis, na realidade, de que haja ou que houve algum tipo de influência realmente, porque em tese o decreto não foi feito para beneficiar aquela empresa.

O que a gente vê é que o próprio decreto em tese não ajudou a empresa. Em tese se houve corrupção ou ato de corrupção, não se tem notícia do benefício. O benefício não existiu. Não se fala e não se tem notícia ainda de dinheiro de corrupção.[13]

Uma das condições que mais prezamos — na verdade, um dos pontos fundamentais para se ter uma polícia como braço do Estado, e não dos governos — é a autonomia do presidente do inquérito. Quando se tem um diretor-geral que publicamente indica os caminhos que uma investigação deve tomar, isso se torna uma pressão enorme, e totalmente indevida, sobre quem está à frente do trabalho.

A coisa ficou ainda pior em outro trecho da entrevista. Segovia admitia a possibilidade de o delegado Cleyber Lopes ser futuramente alvo de um procedimento administrativo disciplinar por causa das perguntas que enviara por escrito ao presidente da República. Michel Temer havia reclamado do tom usado pelo delegado. "Peço vênia para realçar a impertinência de tal questão, por colocar em dúvida a minha honorabilidade e dignidade pessoal", escreveu, em uma das respostas.[14]

A entrevista de Segovia soou como um recado intimidador ao presidente do inquérito. Cleyber percebeu que a fala de Segovia poderia servir como um aviso para outros delegados que investigavam outros históricos aliados do então presidente. Havia casos envolvendo nomes como Henrique Eduardo Alves, Eliseu Padilha, Geddel Vieira Lima e Eduardo Cunha, para ficar em alguns exemplos. Se todos eles se sentissem "ofendidos", poderiam seguir a inusitada sugestão do chefe da PF e representar contra aqueles que os investigavam.

A investidura pública de Segovia contra um subordinado elevou a tensão em torno do inquérito dos portos. Nos corredores do edifício Máscara Negra, houve quem previsse um embate silencioso, de Davi e Golias, de um delegado com o diretor-geral do seu próprio departamento. Numa reunião com o diretor de Combate ao Crime Organizado (Dicor), o delegado Eugênio Ricas, na presença de todos os integrantes do Ginq, Cleyber assinalou sua preocupação com a conduta de Segovia, citando a fatídica entrevista em que o diretor-geral declarara que talvez uma mala de 500 mil reais não fosse suficiente para provar um crime. Foram enumerados ainda os encontros, relatados pela imprensa, de Segovia e Michel Temer no Palácio do Planalto, não registrados em suas agendas.[15]

Por duas vezes, esses encontros precederam depoimentos de autoridades palacianas no inquérito dos portos. Um deles ocorreu dias antes da oitiva do advogado Gustavo do Vale Rocha, subchefe de Assuntos Jurídicos da Casa Civil e principal assessor jurídico do presidente. Rocha havia sido flagrado em interceptação telefônica com o então deputado Rodrigo da Rocha Loures, interlocutor de Temer com empresas do setor, dizendo-se preocupado com "uma exposição muito grande" do presidente em fazer mudanças num decreto que alteraria legislações portuárias. Na ocasião, confrontado com a informação de que estivera no palácio, Segovia justificou sua presença tendo dito que havia ido discutir "policiamento de fronteiras" com o presidente.[16]

Outra visita, fora da agenda, ocorreu na semana em que Temer teria de responder, por escrito, as perguntas do delegado que presidia o inquérito. Na segunda-feira, 15 de janeiro de

2018, ele recebeu Segovia no Planalto. Dessa vez, a explicação da Presidência da República para o encontro foi "debater segurança pública".[17]

Em reação imediata à ameaça de procedimento contra Cleyber, o grupo de delegados do Ginq encaminhou documento à autoridade superior na PF. Os delegados afirmaram formalmente que "não admitirão, nos autos do inquérito 4621/STF ou em outro procedimento em trâmite nesta unidade, qualquer ato que atente contra a autonomia técnica e funcional de seus integrantes, assim como atos que descaracterizem a neutralidade político-partidária de nossas atuações".[18]

Além de os próprios investigadores terem se insurgido rapidamente, houve forte reação por parte de associações de delegados federais, da imprensa e da sociedade de forma geral. O diretor-geral, então, ensaiou um recuo e fez um mea-culpa. Disse que suas falas haviam sido mal interpretadas e que nunca tivera qualquer intenção de interferir nas investigações. O ministro do STF Luís Roberto Barroso, responsável pelo caso do decreto dos portos no STF, exigiu esclarecimentos do diretor-geral da PF e determinou que ele não se pronunciasse mais publicamente sobre o que estava sendo apurado.

Cleyber resistiu e concluiu seu trabalho, indiciando em outubro de 2018 o então presidente Michel Temer por corrupção passiva, além de apontar a participação de outras dez pessoas. Uma delas, Maristela, filha de Temer, cuja reforma da casa fora paga com dinheiro de propina de empresas portuárias, conforme demonstrava a investigação.[19]

O ano de 2018 terminou com a PGR oferecendo ao STF denúncia criminal em relação aos fatos investigados.

A tentativa de intimidação de um delegado federal partindo do próprio chefe da instituição entrará para a história da polícia judiciária do país, reforçando a importância da autonomia da PF e da blindagem da interferência política.

O episódio deixou clara a forma de atuação do diretor-geral indicado meses antes pelo presidente da República. O que ninguém sabia era que, naquele 9 de fevereiro de 2018, o comando da PF em Brasília implementava mais um alarmante ato interno de tentativa de "vazamento institucional", uma das formas de o sistema político corrupto reagir e tentar sufocar as investidas contra os poderosos de colarinho-branco.

10. As indicações políticas

> *Na verdade, o que se instalou no país nestes últimos anos e está sendo revelado pela Lava Jato é um modelo de governança corrupta. Algo que merece o nome claro de cleptocracia.*[1]
> Gilmar Mendes, ministro do STF, em 2015, antes de Aécio Neves ser atingido pela Lava Jato

Jorge Pontes e Márcio Anselmo: Naquela tarde do dia 9 de fevereiro, um e-mail foi disparado pela direção da PF aos setores de recrutamento das 27 superintendências regionais da corporação, sob o título de "Recrutamento. Disponibilização do número do inquérito policial".

Na circular, lia-se o seguinte:

> Excelentíssimos senhores superintendentes regionais e responsáveis pelo recrutamento,
> Cumprimentando-os, diante da nova padronização do setor de recrutamento e em razão dos testes piloto do sistema "SISMOB" no âmbito da DGP/PF;

Oriento aos responsáveis pelo recrutamento na inclusão do **número do inquérito policial** no campo 9, "descrição da missão/serviço", do formulário padrão, quando houver o recrutamento de outros estados para a deflagração das operações policiais.²

Seria apenas mais uma circular emitida pela burocracia da PF, visando dar orientações de procedimento às superintendências regionais, se não fosse por alguns detalhes. A importância da mensagem poderia passar despercebida por quem não tem familiaridade com os mecanismos internos da PF.

Informar o número do inquérito para o qual está sendo requerido o reforço de agentes de outros estados equivale a entregar a chave do sigilo da investigação. No momento que o Brasil vive, com autoridades dos mais variados quilates sob o radar da PF, a exigência nos pareceu ainda mais absurda. E, mais uma vez, fortaleceu o sentimento de que o então diretor-geral da PF não estava tão comprometido com a preservação da autonomia da instituição.

O trabalho da polícia judiciária é — e precisa ser — eminentemente técnico, protegido de quaisquer reparos ou interferências de cunho político. A polícia busca a verdade dos fatos, e só quem deve ter acesso aos dados de uma operação são aqueles que nela trabalham diretamente: juízes, procuradores da República, peritos, agentes, escrivães e delegados federais.

Se a necessidade de aprovação do ministro da Justiça para a cessão de policiais a outros estados, conforme determinava o decreto da presidente Dilma Rousseff em 2012, já era um sinal preocupante do ponto de vista da proteção do sigilo, a obrigatoriedade de informar o número do inquérito era inaceitável — significava a consolidação do vazamento institucional. Expor dessa maneira o trabalho feito nas investigações, que muitas vezes levavam meses para obter resultados, colocava em risco toda a operação policial.

Além de ir contra a praxe de como as coisas eram feitas na PF, não havia justificativa razoável que explicasse a adoção dessa medida. O argumento dos que defendiam essa disposição invasiva era de que se tratava de uma medida de gestão — e que a direção da PF pode e deve saber detalhes de tudo o que ocorria, já que era ocupada por alguém com "cargo de confiança". Mas cabe a pergunta: confiança de quem? O fato de o posto ser diretamente indicado pelo presidente da República responde a essa pergunta. A preservação da independência de atuação e autonomia do titular do inquérito é uma cláusula pétrea para a instituição, e deve ser mantida, mas nesse caso estava seriamente ameaçada.

Esse episódio ajudou a enfraquecer ainda mais a imagem de Fernando Segovia com seus próprios comandados. Somado a outros fatores de desgaste, ele acabou não resistindo. Foi demitido do cargo ainda no final daquele mês de fevereiro.

AS "EQUIPES DE LIMPEZA" E DE "SOCORRO"

É prerrogativa do Poder Executivo nomear integrantes dos órgãos fiscalizadores, de controle e da Justiça. Os ministros do STF, do STJ e do TCU e os desembargadores dos tribunais de contas estaduais são colegiados formados, em todo ou em parte, por indicações políticas.

Essa expansão do poder da caneta do chefe do Executivo para o Legislativo e Judiciário é deletéria do ponto de vista da independência e autonomia desses órgãos fiscalizadores e julgadores. A tentativa de "corrigir" esse problema foi estabelecer que cargos como os de ministros de tribunais superiores ou conselheiros de tribunais de contas são vitalícios. O pressuposto seria de que, com a garantia de que não pode ser demitido, o ministro tivesse mais liberdade para tomar decisões que desagradem poderosos ou quem o indicou. É o tipo de emenda que costuma não consertar o defeito original e ainda acrescentar outro: na maioria das vezes, ninguém deixa de ter a dívida de gratidão e relação próxima com o padrinho que o nomeou.

Assim, as cúpulas das oligarquias políticas tentam ganhar um duplo grau de proteção: em primeiro lugar, os tribunais de contas (que são órgãos consultivos do Poder Legislativo, não têm atribuição de Justiça) muitas vezes atuam como uma "equipe de limpeza" que apaga, ou ao menos finge que não vê, rastros dos malfeitos em contratação de obras, licitações e outros gastos governamentais. Contas mal justificadas, concorrências viciadas e incoerências contábeis menores são historicamente aprovadas, para agradar ao governante de maior influência, mesmo quando há manifestações técnicas contrárias.

Na esfera da Justiça, tribunais superiores com atribuição de processar e julgar autoridades com foro privilegiado servem muitas vezes como o último recurso a esses agentes públicos com influência. Tendo a última palavra em matéria penal sobre todas as decisões judiciais do país, essas cortes têm o poder de soltar presos preventivos, de postergar o cumprimento de pena de réus condenados em segunda instância, de interpretar a seu gosto preceitos constitucionais e de frustrar os resultados das persecuções penais em todo o território nacional, funcionando, enfim, como uma espécie de "equipe de socorro".

O resultado é o nosso paradoxo prisional: de um lado, o superencarceramento da população pobre, impossibilitada de pagar por advogados que consigam manejar a infinidade de brechas das leis brasileiras e que possuam livre acesso aos gabinetes dos juízes para postergar ou mesmo impedir julgamentos definitivos. De outro, a notória impunidade dos poderosos.

Se as indicações políticas de membros dos tribunais superiores e dos tribunais de contas são danosas para a democracia e abrem oportunidades para que o crime institucionalizado implemente "equipes de limpeza e socorro", é preciso estar atento para que a escolha do diretor-geral da PF também não se torne uma forma de controle, dessa feita ainda na fase de investigação.

Nos últimos quinze anos, com o avanço da atuação policial sobre os grandes grupos criminosos do governo, o Ministério da Justiça virou uma pasta vital do Executivo, alvo de disputas políticas. Atualmente, indicar um nome para chefiar a PF cria mais dores de cabeça do que apontar o próprio ministro.

A PF precisa ser um órgão de Estado, jamais de governo. Por ter a obrigação de resistir a pressões políticas, o diretor-geral não pode se sentir parte do governo que o nomeou, ainda que essa postura possa lhe custar o cargo. Recentemente, ansioso por promover a substituição de diretor-geral, um ministro da Justiça impôs como condição a um futuro candidato ao cargo a troca imediata de todos os superintendentes regionais, com o claro objetivo de substituir a chefia em unidades como o Paraná, com a Operação Lava Jato em pleno funcionamento.

Muitas vezes, policiais mais arrojados e independentes costumam ser preteridos em promoções e nomeações dentro da própria instituição. Nesse ponto, são novamente fundamentais a vigilância e a cobrança da sociedade para impedir que o governo da vez transforme o Ministério da Justiça e a chefia da PF em atalhos para sufocar investigações ou vazar informações sigilosas, como já aconteceu.

Por fim, o ideal seria remover do Poder Executivo a atribuição de nomear um diretor-geral, mas isso teria de ser feito com uma mudança na lei. Da forma como o Estado brasileiro foi dominado pelo crime, a escolha de um procurador-geral da República ou de um diretor-geral da PF passou a equivaler, em última análise, a definir um possível futuro algoz, um potencial adversário institucional.

QUINTO DO OURO

Para além dos órgãos de investigação e da Justiça, os de fiscalização das contas públicas também constituem uma fronteira em que as indicações políticas costumam servir à rede de proteção do crime institucionalizado. Responsáveis por emitir pareceres sobre as contas públicas dos 27 governos estaduais e das mais de 5500 administrações municipais pelo país, os tribunais de contas dos estados (TCEs) são um exemplo perfeito de como a promiscuidade dessas indicações deturpa, na origem, o papel que deveriam cumprir — ou seja, de exercer com rigor a fiscalização para melhorar a qualidade da administração pública.

Em geral, os TCEs possuem um corpo técnico formado por auditores de carreira, que costumam produzir relatórios e investigações sérios. Efetivamente, eles fiscalizam de que forma é gasto o dinheiro público. Ocorre que os conselheiros — ou seja, os "juízes" que ocupam as cadeiras na corte e têm o direito a voto para aprovar ou rejeitar as contas dos governos — são indicações políticas. Quando os relatórios produzidos pelo corpo técnico sobre uma grande obra, ou sobre gastos de um orçamento anual, apontam irregularidades que poderiam levar a sanções, são frequentemente ignorados pelos conselheiros para beneficiar o governador ou o prefeito amigo.

As regras para a composição de cada TCE são diferentes em cada estado. Por obra da força-tarefa da Lava Jato no Rio de Janeiro, o tribunal fluminense se tornou um caso exemplar.

A Constituição estadual estabelece que os sete conselheiros titulares sejam escolhidos da seguinte forma: quatro indicados pela Assembleia Legislativa (Alerj) e outros três pelo governador, sendo um de "livre nomeação", outro que seja membro do Ministério Público de Contas e o terceiro oriundo do plantel de conselheiros substitutos do TCE-RJ.

Essa estrutura é o casamento perfeito da intervenção do Legislativo e do Executivo na escolha de sua "equipe de limpeza". Como é comum na política brasileira, muitos deputados estaduais que possuem influência na nomeação para o tribunal de contas elegem-se prefeitos, e terão as contas de sua administração avaliadas por conselheiros que eventualmente os ajudaram a se instalar naquela cadeira — no Rio e em alguns outros estados, o cargo é vitalício.

A Operação Quinto do Ouro* jogou luz sobre as várias modalidades de conluio que esse tipo de relação pode gerar. Além de diversas provas obtidas pelas apurações da PF e pelo MPF no estado, a Quinto do Ouro baseou-se na colaboração premiada de Jonas Lopes, ex-presidente do TCE-RJ. Ela levou à condução coercitiva do então presidente da Assembleia Legislativa, Jorge Picciani, que mais tarde, em outras fases da Lava Jato, seria preso sob acusação de receber propina de empresários que tinham contratos com o governo do estado.

Naquela ocasião, porém, Picciani era suspeito não de receber, mas de organizar o pagamento de suborno aos conselheiros do TCE-RJ, alguns dos quais indicados pelo próprio deputado. Jonas Lopes confirmou aos investigadores que, durante anos, ele e seus colegas receberam dinheiro, ao menos 100 mil reais por mês, para fazer vista grossa na fiscalização de contratos do governo do Rio e aprovar as contas das administrações estadual e municipal.[3]

* Corresponde a uma das etapas da Lava Jato fluminense.

Nas principais obras implementadas pelo governo, à época comandado por Sérgio Cabral, o acerto com as empresas que formavam o cartel de empreiteiras incluía um percentual de desvio que seria destinado futuramente aos conselheiros do Tribunal de Contas. Ou seja, o esquema previa, desde o início, o superfaturamento da obra, a propina às autoridades do Executivo que tinham o poder de contratar a empresa e o suborno à "equipe de limpeza", cujo papel era dar ares de legitimidade a todo o sistema fraudulento.

Conforme apontam os depoimentos e as provas, foi o que aconteceu na reforma do estádio do Maracanã e na construção da autoestrada conhecida como Arco Metropolitano — um anel rodoviário que circunda a cidade do Rio, cortando municípios da Baixada Fluminense. Em uma das irrefutáveis evidências colhidas durante a investigação, o ex-presidente do TCE-RJ Aloysio Neves comenta com o empresário do setor de ônibus Marcos Andrade Barbosa Silva os pagamentos mensais e a propina de 1 milhão de reais pela concessão do Maracanã.[4]

E não foi só isso. Além dos acordos que contemplavam todo o tribunal, conselheiros valiam-se de seus cargos para atacar também "no varejo", uma dinâmica que certamente se repete Brasil afora. Um conselheiro que fosse relator das contas de uma prefeitura do interior, por exemplo, poderia acertar diretamente a propina para si em troca da aprovação daquela contabilidade. Os integrantes do TCE-RJ chamavam essa prática, entre si, de "voo solo".[5]

A Operação Quinto do Ouro levou à prisão temporária cinco dos sete integrantes do TCE-RJ em 2017. Somados ao próprio delator Jonas Lopes, culpado confesso dos crimes que estava ajudando a esclarecer, chegou-se à situação em que nada menos que seis dos sete membros estavam implicados no esquema. Por decisão da Justiça, todos foram afastados de seus cargos por tempo indeterminado.

A única titular que ficou fora das acusações foi Marianna Montebello, e não por uma coincidência. Ela ocupava a cadeira destinada a um conselheiro egresso do Ministério Público de Contas. Ou seja, não fora uma nomeação política. Com a eclosão da operação, ela herdou a presidência interina do tribunal, que passou a funcionar com a efetivação de conselheiros substitutos, todos também auditores de carreira.

A consequência dessa radical e forçosa mudança no perfil do plenário não chegou a surpreender ninguém. Depois de alguns meses com a nova composição, o TCE do Rio passou a ser muito mais rigoroso na análise da contabilidade. Em 2018, o jornal *O Globo* trouxe um comparativo da produtividade do tribunal.[6] Até a data da reportagem, 69 dos 91 municípios do estado já haviam tido suas contas de 2016 avaliadas. Houve parecer pela reprovação das prestações de 51 deles. O contraste com os anos anteriores, quando ainda pontificavam os conselheiros indicados pelo Executivo e pelo Legislativo, fala por si: foram oito reprovações em 91 municípios em 2015; três em 2014; e apenas uma em 2013. No ano de 2012, de encerramento de gestão municipal, quando são mais frequentes os pareceres negativos, haviam sido 26 rejeições.

Os novos conselheiros também deram parecer pela reprovação das contas do governo estadual relativas ao ano de 2016. A última vez que isso havia ocorrido fora em 2002. Todas as contas da administração de Sérgio Cabral, período que a Lava Jato traria à tona depois dezenas de escândalos de desvios nas mais diferentes secretarias, foram aprovadas pelo TCE-RJ.

A reportagem apresentou ainda outro dado comparativo revelador: a nova composição do tribunal havia determinado o cancelamento de 66 editais de licitações, nos quais foram constatadas irregularidades. Somados, eles representavam 4 bilhões de reais que seriam gastos pelo governo em contratos sob suspeita. No ano anterior, o TCE-RJ suspendera o dispêndio de 1,8 bilhão de reais. De um ano para outro, foi um aumento de 122%.

O caso fluminense é uma amostra da atuação delituosa de TCEs. Certamente não é o único, mas é um exemplo bem-acabado de como esses órgãos podem ser cooptados e servir ao crime institucionalizado, apagando rastros de corrupção e dando um verniz de correção a gestões corruptas.

11. O atual papel da Polícia Federal

> A Constituição e o exercício da lei não são ferramentas políticas partidárias. A deusa da justiça usa uma venda. Ela não deveria espiar para ver como seu líder político quer que ela considere uma questão.[1]
> James Comey, ex-diretor do FBI

Jorge Pontes e Márcio Anselmo: Quando um candidato a policial federal ingressa na Academia Nacional de Polícia, ouve de inúmeros delegados, que atuam como instrutores, que somos o FBI brasileiro. Essa afirmação não é de todo um exagero. Quando foi modernizado, no final da década de 1960, o Departamento de Polícia Federal foi idealizado e reestruturado para ser uma polícia nos moldes do FBI. O antigo Departamento Federal de Segurança Pública (DFSP) era um híbrido da Polícia Civil da Guanabara — que remontava ao tempo em que a capital era no Rio de Janeiro —, da Polícia do Exército e da Guarda Especial de Brasília. Foi justamente a falta de uma identidade que inspirou a necessidade de criação de uma polícia nova, ágil, à imagem e semelhança da então novíssima capital do país, Brasília.

Foi então que um grupo de novos inspetores — como eram denominados os delegados —, concursados em 1969, entre eles os delegados Nelson Marabuto, João Batista Campelo, Fernando Santana, Hélio Romão e Raimundo Mariz, levaram a ideia de uma nova polícia ao diretor do DFSP na época, o general Nilo Caneppa. Alguns deles integraram a missão de estudos para conhecer as polícias inglesa e alemã e o FBI. Depois das viagens, a conclusão a que se chegou foi de que se espelhar no FBI seria o melhor caminho.

Quem conta essa história é o delegado da PF José Roberto Benedito Pereira, ex-corregedor-geral e ex-diretor da Academia Nacional de Polícia. Ele foi da primeira turma de agentes da PF, de 1972, apelidada de "sangue novo". José Roberto conta que vários desses inspetores foram professores naquele curso de formação, e que o material das aulas era quase todo americano. A ideia principal foi a difusão dos novos conceitos de atividade policial, muitos deles trazidos do FBI, e o foco era a reestruturação da atividade de inteligência.

A turma "sangue novo" foi um divisor de águas na história da PF, assim como as turmas de delegados de 1995 e de 2003. De tempos em tempos, a PF recebe em seus quadros uma leva de mulheres e homens de classe média, que acabam operando uma verdadeira renovação na corporação. Inúmeros agentes e delegados proeminentes e que contribuíram de forma decisiva no desenvolvimento da atividade policial saíram das hostes da "sangue novo".

Naqueles anos, o Brasil vivia uma ditadura militar, regime em que as Forças Armadas exerciam primazia no aparelho repressor e de investigação do Estado. Ao longo dos anos, e ainda mais depois da redemocratização, a PF foi abarcando atribuições que, nos Estados Unidos, estão divididas entre as diversas organizações policiais: a DEA, que investiga crimes relacionados ao tráfico de drogas; o Secret Service, responsável pela segurança de autoridades e pela investigação de crimes relacionados à falsificação de moeda; o antigo Immigration Office; o Bureau of Alcohol, Tobacco, Firearms and Explosives (ATF), que tem a atribuição dos casos relacionados às armas de fogo; e o US Fish and Wildlife Service, que tem a competência para os crimes contra a fauna.

Além de todas essas atribuições, ainda cabem à PF atividades como expedição de passaportes e controle de estrangeiros, regulamentação de atividades de segurança privada e sua fiscalização, assim como investigações de crimes cometidos contra os índios e suas comunidades, crimes contra o sistema financeiro e mercado de capitais, entre outros. O fato é que está na alçada da PF brasileira mais do que fazem, juntas, diversas agências federais americanas.

Ter contato direto com a experiência dos agentes federais americanos é um aprendizado para qualquer policial brasileiro. Para além das condições de trabalho, de tecnologia e equipamentos à disposição, a proteção legal de que o FBI desfruta é um exemplo a ser perseguido em nosso país. A autonomia para exercer sua atividade é algo que impressiona se comparada com a realidade do Brasil. Lá, ninguém, nenhum congressista americano, seja deputado ou senador, ousa sugerir cortes de orçamento ou mudanças legais que possam cercear seu funcionamento. Quem fizer isso entra na mira como suspeito de querer diminuir a força e capacidade do Estado no enfrentamento da alta criminalidade.

Outra característica saudável do FBI que deveria ser aplicada na PF brasileira é o fato de o Bureau não autorizar cessões de seus agentes a nenhum outro órgão, seja da administração federal, estadual ou municipal. Enquanto a PF empresta agentes, peritos e delegados para outros órgãos, inclusive para trabalharem como assessores em gabinetes de senadores e deputados, o FBI, por outro lado, cerceia essa prática.

Em Washington, há uma unidade que funciona como uma ligação entre o FBI e o Congresso americano, o Office of Congressional Affairs. Os agentes do FBI que trabalham nesse escritório prestam apoio de diversas formas em temas de interesse do Congresso, como para comissões de inquérito instauradas no Parlamento. Essa ligação é levada a efeito por um grupo de federais que, contudo, não se desvincula em nenhum momento do Bureau.

Há ainda uma grande diferença entre o Brasil e os Estados Unidos em relação aos outros órgãos policiais. Se os federais americanos são impedidos de trabalhar em polícias locais, como o Departamento de Polícia de Nova York (NYPD, na sigla em inglês) ou de Los Angeles (LAPD), também é verdade que essas corporações são extremamente bem preparadas. Claro que a PF ainda precisa evoluir em diversas áreas, da proteção legal às condições de trabalho, mas polícias estaduais brasileiras vivem uma realidade muito mais dramática. Nos últimos anos, o país assistiu a um grande sucateamento das polícias civis, responsáveis pelos trabalhos de investigação. E, nos grandes centros urbanos, a Polícia Militar, do trabalho nas ruas e do policiamento ostensivo, sofre com a incontrolável onda de violência.

O ÚLTIMO ALVO DA LAVA JATO: A JUSTIÇA

Se na devassa no TCE do Rio de Janeiro a Lava Jato cruzou novos limites, há uma área da sociedade ainda intocada pela investigação: o Poder Judiciário. No Executivo, o combate à corrupção já escalou toda a pirâmide de poder e levou governadores e até um ex-presidente da República para a cadeia. No Legislativo, os principais deputados e senadores foram atingidos, e no setor privado alguns dos mais poderosos empresários do país experimentaram temporadas atrás das grades.

Com cinco anos de Lava Jato completados em março de 2019, a fronteira do Judiciário permanece intransponível. Até então, as promessas de "entregar de bandeja" autoridades togadas não evoluíram para denúncias formais, ou não passaram de blefes ou recados ameaçadores que traziam, na verdade, pedidos de socorro. Seria muita inocência imaginar que não houve denúncias porque ali não se praticam crimes, como se existisse um poder puro e imune dentro de uma estrutura tão integralmente corrompida.

Se presidentes, senadores e governadores comprovadamente se corromperam, é difícil acreditar que o mesmo não ocorre nos bastidores dos tribunais, formados por indicações desses mesmos políticos.

O mais importante é evitar que as instâncias superiores da Justiça funcionem como a equipe de socorro das organizações político-empresariais que tanto sangraram os cofres públicos durante décadas. É essa a batalha que será travada ainda por muitos anos nos próprios tribunais. Se as últimas camadas da Justiça, como o STJ e o STF, estiverem mais comprometidas com a manutenção de poder dessas oligarquias do que com o país, o Brasil ainda corre o risco de ver por terra todo o esforço dos últimos anos.

Nesse contexto, o debate jurídico em torno do início do cumprimento de pena após a confirmação da condenação por um tribunal de segunda instância é um ponto crucial no combate à impunidade. Desde a promulgação da Constituição de 1988, essa discussão tomou o plenário algumas vezes, protagonizando debates na Justiça nos últimos anos.

O caso do ex-presidente Luiz Inácio Lula da Silva tinha uma importância maior do que simplesmente a de se levar à prisão um ex-presidente, condenado por ser beneficiário de corrupção e apontado como um dos líderes da organização criminosa durante seu mandato. Depois que o TRF da 4ª Região confirmou, em 24 de janeiro de 2018, a condenação em seu primeiro processo concluído na Lava Jato, a execução de sua pena se transformou numa batalha decisiva entre as forças que buscavam conter a operação e quem gostaria de ver o enfrentamento à impunidade prosseguir.

Sua prisão seria, como de fato foi, um marco na luta contra a crônica ineficiência do nosso sistema criminal. E, naquelas semanas que a antecederam, o STF se dividiu entre dois grupos, batizados na imprensa como as alas dos "punitivistas" e dos "garantistas".[2] É a reprodução de um tradicional debate de filosofia jurídico-penal: os garantistas, cuja forma de enxergar o direito foi condensada pelo "jusfilósofo" italiano Luigi Ferrajoli em *Direito e razão: Teoria do garantismo penal*, priorizam os direitos individuais dos réus — embora a visão do autor, em muitos momentos, tenha sido distorcida no Brasil.[3] Os "punitivistas", por sua vez, seriam mais sensíveis a proteger direitos coletivos da sociedade, o que os inclinaria a decisões de condenação como forma de prevenir, pela punição, que tais crimes voltassem a ser cometidos.[4]

Discussões tensas entre as duas alas marcaram as sessões de julgamento do habeas corpus pedido pela defesa de Lula. Ficou razoavelmente claro que os garantistas chegariam às últimas consequências para salvar não apenas o ex-presidente Lula, mas também outros caciques políticos. Por isso, a prisão do ex-presidente representava mais que um simples encarceramento. O que o ministro Gilmar Mendes — que pontificava no grupo dos garantistas — e outros ministros pareciam tentar evitar era o *efeito* da prisão de Lula, muito mais do que o destino do ex-presidente em si.

Do outro lado, os ministros Luís Roberto Barroso e Edson Fachin adotaram em todos os processos da Lava Jato a postura de romper com os laços de proteção à elite política reinante no país. Nos últimos anos, Barroso vem resumindo as revelações da Lava Jato na avaliação de que "celebrou-se pacto oligárquico de saque ao Estado brasileiro".[5] Nos mais duros embates com a ala dita "garantista" do STF, o ministro insinuou que colegas poderiam estar interessados em proteger esse pacto. Na sessão do STF de 21 de março de 2018, Barroso teve uma intensa discussão com o ministro Gilmar Mendes e em dado momento afirmou que Gilmar "não tem ideia, não tem patriotismo, está atrás de algum interesse que não seja a Justiça".[6]

O poder do chefe do Executivo de nomear um ministro de um tribunal superior é uma prerrogativa que reforça o comprometimento daqueles que mais devem ter independência dos envolvidos em escândalos. Como essa nomeação tem validade quase vitalícia — os ministros só deixam a cadeira por vontade própria ou quando completam 75 anos —, o estrago na desejável separação entre os poderes se torna ainda mais grave.

Há casos em que integrantes dos tribunais superiores são indicados ainda jovens, na casa dos quarenta anos, o que significa que estarão por pelo menos mais três décadas num dos mais importantes cargos públicos do país. Assim, enquanto um deputado pode ser "defenestrado" por meio do voto pela população após quatro anos de mandato, uma indicação desastrada para um tribunal superior terá consequências nefastas por muito mais tempo.

Uma forma de minimizar esses efeitos é acabar com as nomeações políticas para os tribunais superiores, o que precisa ser feito por meio de emenda constitucional aprovada pelo Congresso. Ainda que possa parecer utópico esperar que a elite política abra mão de uma prerrogativa que lhe permite escalar "equipes de socorro" justamente onde são disputados os lances decisivos da guerra contra a impunidade, é fundamental que a sociedade pressione e cobre essa mudança — o estabelecimento de mandatos para juízes de tribunais superiores seria um avanço. Mais do que qualquer outro, o poder de nomear juízes nas altas cortes é o principal nó a ser desatado na proteção dos criminosos de colarinho-branco.

UM SISTEMA FEITO PARA NÃO FUNCIONAR

Depois que a PF e o MPF concluíram boa parte das investigações da Lava Jato, e os envolvidos foram processados e julgados em primeira instância, ficaram ainda mais claras as novas barreiras do combate à corrupção. Dessa vez, não puderam anular a operação ainda em seu nascedouro, como aconteceu em outros casos. Para não atrapalhar a instrução dos inquéritos, vários integrantes das organizações criminosas — os que não possuem foro privilegiado — foram presos preventivamente em corajosas decisões da Justiça.

O prosseguimento das ações penais nos tribunais fez o país se deparar novamente com o mais crônico dos problemas de seu sistema de Justiça: o emaranhado sem-fim de possibilidades de recursos, combustível da impunidade dos crimes de colarinho-branco. Dificilmente superaremos esses obstáculos sem mudanças na legislação. De todo modo, já é possível avançar mais com a que temos, quando interpretada em favor da sociedade.

Não há exemplo melhor e mais importante do que o debate sobre o momento do início da execução de pena: se após a confirmação da condenação em segunda instância, quando se conclui a análise dos elementos de prova pela Justiça; ou se somente depois de esgotados todos os recursos possíveis em todas as instâncias — o que, na prática, significa apenas após o último embargo julgado pelo STF, depois de percorrido todo o trânsito judicial brasileiro, e que fatalmente significa a prescrição de boa parte dos crimes julgados, sinônimo de impunidade. Apenas a título de exemplo, o deputado federal Paulo Maluf, acusado do desvio de recursos da prefeitura de São Paulo na época em que foi prefeito da capital, entre 1993 e 1996, foi julgado pelo STF somente em maio de 2017.[7] Nesse mesmo ano, o ministro Edson Fachin determinou sua prisão para cumprimento de pena, e ele já estava com 86 anos. O ex-prefeito permaneceu na cadeia pouco mais de três meses, até que o ministro Dias Toffoli concedeu habeas corpus, enviando-o à prisão domiciliar.[8]

Em 2016, o STF determinou que a pena pode ser cumprida após a segunda instância, medida novamente ameaçada pelas "equipes de socorro" dos políticos sob ameaça da lei. Sob o pretexto de um "falso garantismo", arma-se um movimento na elite político-jurídica para derrubar essa interpretação da Constituição. Se essa reação prevalecer, o efeito prático, disfarçado de preservar direitos dos acusados, será salvar criminosos poderosos já condenados.

Falar em presunção de inocência nesses casos não passa de um sofisma — é uma falácia quando se trata de um processo de alguém julgado e condenado em duplo grau de jurisdição, tendo sido esgotados todos os recursos nessa segunda esfera. Conforme demonstram diversos especialistas em direito, na esmagadora maioria das democracias do mundo, a pena começa a ser cumprida após a segunda instância (em alguns países, até mesmo antes).[9]

No sistema judicial brasileiro, a análise do mérito das ações penais se esgota após o segundo grau de julgamento. A Constituição estabelece que "ninguém será considerado culpado até o trânsito em julgado de sentença penal condenatória".[10] Não fala em prisão, ou cumprimento de pena. O STF, em 2016, confirmou a interpretação de que o início da execução da pena não prejudica a presunção de inocência, justamente porque as provas do processo já terão sido analisadas por um juiz e depois por um tribunal colegiado.

Estender a presunção de inocência para os níveis superiores é uma maneira artificial de impor a impunidade. Nesses casos, o "garantismo" tenta impedir a chegada do último julgamento, já que a legislação brasileira possibilita uma infinidade de recursos. Resta a impressão de que esse regramento existe para que o criminoso abastado (ou poderoso) não seja nunca condenado nem encarcerado.

Não se trata de defender um "punitivismo" irracional, como acusam alguns advogados, ou de desrespeitar os direitos humanos e jurídicos dos acusados. A motivação e a luta contra a impunidade não se dão em nome de uma busca por vingança. O mais importante das punições aos criminosos é seu efeito profilático: prevenir e desestimular que os delitos voltem a acontecer. Por outro lado, a demora ou mesmo a inexistência da conclusão das ações penais serve como incentivo para que não haja interrupção dessas práticas ou mesmo arrependimentos.

Também nesse ponto, os Estados Unidos servem como um bom exemplo. Nas investigações do escândalo na Fifa — de grande repercussão no Brasil por envolver o universo do futebol e alguns de nossos principais dirigentes esportivos —, foram comprovadas a importância da celeridade dos procedimentos jurídicos e a eficiência do sistema. Cartolas apanhados como integrantes do grupo que se especializou em desviar dinheiro de contratos de venda de direitos de transmissão de eventos esportivos pegaram grandes penas por burlar a legislação financeira americana. José Maria Marin, ex-presidente da Confederação Brasileira de Futebol (CBF), detido no dia da deflagração da operação, na Suíça, está preso até hoje nos Estados Unidos e foi condenado a pagar vultosas somas como multa.

No Brasil, a infinita legislação recursal permite protelar indefinidamente as ações penais, situação agravada pelas indicações políticas nos tribunais superiores, criando as terceira e quarta instâncias do Poder Judiciário, que funcionam como revisoras das instâncias anteriores e por muitas vezes levam os processos à prescrição. Tudo isso traz uma sensação de desencanto na sociedade brasileira.

O sistema parece feito para não funcionar. Um cabo de guerra assimétrico, em que investigadores, promotores e juízes de primeira instância enfrentam uma barreira quase intransponível das redes de proteção da elite política, empresarial e judiciária.

Além do efeito didático de se fazer Justiça e de se recuperar recursos públicos desviados, o aprimoramento dos sistemas de punição traria o efeito indireto de prevenir a repetição desses crimes. O labirinto de recursos fomentou no país uma indústria milionária para os advogados. Se, por um lado, esses benefícios da lei só estão ao alcance de quem tem dinheiro para contratar "bons" defensores, por outro lado, o preço de um criminalista é inflacionado de acordo com o acesso e a influência que ele diz ter junto a julgadores.

Um advogado de uma banca de grife chega a cobrar dezenas de milhões de reais a um alto político ou empresário envolvido numa grande operação policial. Sem que haja a preocupação com a origem desse dinheiro, o valor aumenta conforme vão sendo ultrapassadas as instâncias da Justiça — sem contar a "taxa de sucesso" (*success fee*) em liminares como um habeas corpus deferido, por exemplo. Em casos de réus que sabidamente desviaram valores ainda maiores nos esquemas de corrupção, como é possível saber se os enormes montantes que pagam aos advogados não são também produto de crime? É uma indústria que vive da impunidade derivada da frouxidão de nossas leis. A OAB tem se furtado a discutir o recebimento de honorários com dinheiro produto de crime, na contramão do resto do mundo. A regulação da advocacia como sujeito obrigado a reportar comunicações suspeitas ao Coaf, mesmo que apenas em casos de consultoria, até hoje não saiu do papel.

Mais do que discutir os pormenores dos casos ou os argumentos jurídicos sobre uma prova, ou ainda defender, no mérito, a inocência de seus clientes, uma parte dos grandes criminalistas brasileiros se especializou nas chicanas legais que permitem não necessariamente a absolvição, mas com certeza a postergação do trabalho da Justiça — e, afinal, a consequente prescrição dos crimes. Ou obtêm a própria anulação de provas e processos inteiros, como já ocorreu inúmeras vezes. A letargia da Justiça joga a favor deles.

O nó a ser desbaratado é o do arcabouço jurídico. É inútil culpar os advogados por tentarem se aproveitar das brechas da lei. A execução da pena a partir da segunda instância, conforme a interpretação que o Supremo fez da Constituição, ilustra perfeitamente como se pode evoluir pela aplicação das leis, mesmo antes de mudanças no texto constitucional.

Por isso, também, há uma grita tão grande dos advogados em favor de se esperar o trâmite em julgado para o cumprimento da pena. Se a permissão de se aguardar em liberdade até o encerramento de todas as instâncias não vingar, não será mais possível oferecer aos clientes a garantia da prescrição do crime nem a certeza de aguardar em liberdade toda a infinidade de recursos. E, claro, os réus pensarão várias vezes antes pagar fortunas aos criminalistas.

A imensidão de recursos permitida pelo processo penal brasileiro não é, por si só, a única causa da impunidade, bem como o foro por prerrogativa de função, que no Brasil alcança um grande número de pessoas.[11]

Levantamento da Folha mostra número de autoridades com a prerrogativa de foro especial

Constituição Federal e as constituições estaduais definem que os **ocupantes de algumas funções públicas** devem ser processados e julgados, em crimes comuns ou de responsabilidade, por instâncias superiores da Justiça

Maiores quantidades de autoridades com foro

Juízes 24.659
Membros do Ministério Público Estadual 11.471
Prefeitos 5.570
Membros da Defensoria Pública Estadual 3.149
Membros do Ministério Público da União 2.551
Procuradores do Estado 1.241
Deputados estaduais 1.059

58.660 pessoas têm foro

Outras autoridades com foro

Deputados Federais 513
Senadores 81
Oficiais Generais das Forças Armadas 393
Ministros do STF 11
Governadores 27
Presidente da República 1

O foro por estado

São Paulo 7.231
Bahia 6.852
Rio de Janeiro 5.090
Minas Gerais 3.856
Piauí 3.252
Rondônia 397
Acre 393
Amapá 263

Estados com mais pessoas com foro especial

Estados com menos pessoas com foro especial

6.181 cargos federais com foro especial

Regras propostas para restringir o foro

STF
Oito ministros já votaram pela restrição do foro, os demais devem votar em 2.mai

> Vale para deputados federais e senadores
> Vale para crimes cometidos no mandato e relacionados com ele
> Se o político deixar o cargo antes do fim do julgamento, a ação permanece no STF

Congresso
Já aprovada no Senado, a restrição emperrou na Câmara

> Foro somente para presidente da República (e vice), da Câmara, do Senado e do STF

Como o levantamento foi feito

> Há mais cargos (61.204) do que pessoas (58.660) com foro especial porque um mesmo juiz pode ocupar duas funções com a prerrogativa
> Não foram contabilizados o TRE da Bahia e o TRT da 21ª Região (Rio Grande do Norte)
> Cargos considerados como oficiais generais: Almirante-de-Esquadra, Vice-Almirante, Contra-Almirante, General-de-Exército, General-de-Divisão, General-de-Brigada, Tenente-Brigadeiro, Major-Brigadeiro, Brigadeiro

Essa situação se torna ainda mais grave quando analisada nos tribunais superiores. Segundo levantamento feito pela revista *Congresso em Foco*, dos quinhentos parlamentares investigados desde 1988, apenas dezesseis foram condenados, o que torna o tribunal um porto seguro para o crime institucionalizado. Fernando Collor, por exemplo, respondeu no STF ação penal por três crimes cometidos em 1992: falsidade ideológica, corrupção passiva e peculato. Os dois primeiros prescreveram antes do julgamento — 22 anos depois — e, quanto ao crime de peculato, foi absolvido por ausência de provas.[12]

Esse "porto seguro" demonstra a corrida desenfreada, ao longo dos últimos anos, pelo foro privilegiado como tábua de salvação por parte de algumas autoridades da República.

CRIME INSTITUCIONALIZADO COMO AMEAÇA AO DESENVOLVIMENTO DO PAÍS

Se já não bastassem os bilhões de reais drenados pelos esquemas de corrupção, o crime institucionalizado causa danos ainda mais profundos: o atraso no desenvolvimento do Brasil como nação. Não há máfia fora da lei que se compare, em termos de nocividade, a uma organização criminosa formada por quem detém o poder e cria impostos, ordena despesas, nomeia autoridades e aprova as leis.

Enxergamos, conceitualmente, quatro pontos principais, causados pela ação da corrupção sistêmica:

1. O prejuízo frontal à democracia, consequência deletéria originada pela delinquência institucionalizada que age sobre o Poder Legislativo. Esse malefício é determinado a partir do momento em que o processo legislativo — o encaminhamento dos projetos de lei, a realização das discussões e até a aprovação de novos diplomas para o nosso ordenamento jurídico — é viciado e desvirtuado pelos

interesses dos grupos criminosos. Parte substancial dos projetos de lei não estaria sendo votada no interesse da sociedade, mas sim no sentido de agradar forças particulares que financiam a corrupção sistêmica e um sistema eleitoral corrompido. Há o que podemos chamar de "estelionato legislativo", pois, além de produzirem legislação apenas para seus interesses escusos, se eximem de promover o aperfeiçoamento do nosso arcabouço legal. Em outras palavras, além de não fazerem o que é certo, fazem o errado, na forma de leis de que o país não precisa e que só nos fazem retroceder como nação.

2. Comprometimento do projeto nacional, que ocorre no momento em que os grandes projetos do país são aprovados sob o vetor da corrupção. É a corrupção de raiz, impondo rumos equivocados. O exemplo mais claro dessa mazela são os megaeventos esportivos que foram realizados no Brasil em 2014 e 2016, respectivamente a Copa do Mundo de Futebol e os Jogos Olímpicos, para os quais dezenas de estádios e espaços esportivos foram construídos sem necessidade. Havia dezenas de outras prioridades em termos de grandes projetos. A candidatura do nosso país a esses dois eventos teve, pela ótica do crime institucionalizado, consequências terríveis, pois já devia trazer embutido o objetivo de superfaturamento dos grandes contratos.

A opção por algumas arenas da Copa do Mundo é, de qualquer ângulo que se olhe, injustificável, como revela a avaliação feita pela Pluri Consultoria, que estudou o "legado" do Mundial no Brasil.[13] Segundo a pesquisa, mantidas as médias de público e renda dos campeonatos locais do Distrito Federal, Mato Grosso e Amazonas, de 2013 a 2018, seriam necessários muitos milhares de anos para recuperar o investimento nos estádios lá construídos para a Copa de 2014. No caso do Estádio Nacional (Distrito Federal), seriam necessários 216 343 jogos e 2739 anos; no da Arena Pantanal (Mato Grosso), 69 310 jogos e 1216 anos, no da Arena da Amazônia, 118 673 jogos e 3207 anos.

Dados das arenas			
	Distrito Federal	Mato Grosso	Amazonas
Arena	Estádio Nacional	Arena Pantanal	Arena da Amazônia
Cidade	Brasília	Cuiabá	Manaus
Investimento – R$ milhões	**R$ 1704**	**R$ 646**	**R$ 670**
Capacidade	69 349	41 390	44 351
Custo por assento – R$	R$ 24 571	R$ 15 611	R$ 15 095
Custo por assento – (US$ Médio construção)	$ 11 400	R$ 6506	R$ 7638
Colocação entre as arenas mais caras do mundo	2º	24º	19º

Dados dos Estaduais – Últimas 6 edições (2013/2018)			
	Distrito Federal	Mato Grosso	Amazonas
Número de jogos	464	369	359
Público médio	1150	709	486
Renda bruta média por jogo	R$ 7876	R$ 9322	R$ 5642
Renda líquida média por jogo	R$ 1826	R$ 1615	R$ 282
Menor público	8	12	2
Jogos com menos de 100 torcedores	52	44	83
Jogos com renda inferior a R$ 1000	98	24	82
% de jogos com menos de 1000 pagantes	76%	80%	88%
Ticket médio por torcedor	R$ 6,85	R$ 13,15	R$ 11,62
Jogos do campeonato estadual necessários para recuperar o investimento *	216 343	69 310	118 673
Anos de campeonato estadual necessários para recuperar o investimento*	2739	1216	3207

*Dado apenas ilustrativo, considerando a hipótese irreal de todas as rendas brutas serem destinadas, sem nenhuma retenção, para a amortização do investimento, além de não considerar os custos de manutenção e depreciação das arenas

Fonte: Estudo feito pela Pluri Consultoria. O antagonista, "Veja por que o 'legado' da Copa deveria parar no delegado", 26 abr. 2018. Disponível em: <www.oantagonista.com/brasil/veja-por-que-o-legado-da-copa-deveria-parar-no-delegado/>. Acesso em: 25 jan. 2019.

A deturpação de projetos que já nascem sob o planejamento da corrupção ocorre também em outras áreas, mesmo nas que são prioridades nacionais. Um exemplo é a construção de refinarias de petróleo, como a Abreu e Lima, no estado de Pernambuco. Segundo laudo pericial elaborado por peritos criminais federais da Polícia Federal em Curitiba, nos autos dos inquéritos da Lava Jato, essa refinaria nunca irá gerar recursos que cobrirão seus gastos. Dessa feita, temos outra obra que nunca deveria ter sido realizada.

3. Custo Brasil, ou seja, o tamanho da conta que o país paga, envolvido pela cultura da corrupção sistêmica. Esse custo decorre da existência crônica de sobrepreços e superfaturamentos de praticamente todos os produtos adquiridos e gastos realizados pelo Tesouro. Como o dinheiro que abastece o sistema corrupto sai, invariavelmente, do erário, o "custo Brasil", na prática, é pulverizado e repassado à sociedade, que, ao fim e ao cabo, sustenta o prejuízo da corrupção.

4. Enfraquecimento da cidadania, que se traduz na falta de confiança nas instituições e mesmo na baixa autoestima que acomete o cidadão médio. Uma grande parcela dos brasileiros não se sente motivada nem com força suficiente para mudar o estado de coisas. Não há mais confiança nos sistemas que norteiam e integram a sociedade, nem nos mais básicos, como as urnas eletrônicas utilizadas no nosso modelo eleitoral, desacreditadas por uma expressiva parcela de eleitores.[14] A sequência de escândalos, a demora infinita para alcançarmos um desfecho justo para as ações penais e a consequente sensação de impunidade funcionam como um círculo vicioso, que gera a sensação de impotência. A longo prazo, essa baixa autoestima pode gerar mais desobediência das leis e, por fim, uma geração inteira de pessoas sem comprometimento com a sociedade ou vontade de mudar as regras do jogo.

12. Proposições para o futuro

> *Se os seguidores da lei são fortes, então o país é forte; se os seguidores da lei são fracos, então o país é fraco.*
> Han Fei, filósofo chinês (280-233 a.C.)

Jorge Pontes e Márcio Anselmo: Estamos enfrentando um crime que está entranhado no poder. É cometido de cima para baixo e de dentro para fora. Apesar do conjunto de resultados positivos já obtidos pela Operação Lava Jato ao longo dos anos, não possuímos ainda os instrumentos legais e as blindagens institucionais necessárias para proteger a sociedade desses ilícitos perpetrados por essa elite política e empresarial. O Estado deve estruturar-se a fim de que não voltemos a situações que permitam o ressurgimento dessa modalidade criminosa.

O crime institucionalizado detém as mais poderosas atribuições na organização da sociedade. Por meio de seus agentes, é capaz de nomear ministros, diretores de estatais, chefes de polícia, juízes das altas cortes de Justiça, componentes dos tribunais de conta e chefes do MP e contingenciar o orçamento da polícia e de outros órgãos de fiscalização. Seus agentes têm o poder de propor, discutir, aprovar e promulgar leis que os protejam da persecução penal, que protejam os recursos por eles desviados e que fustiguem os que os investigam e os processam. Podem controlar, nas mais altas cortes do Judiciário, os processos criminais contra seus grupos políticos.

O crime institucionalizado perpassa os Três Poderes da República e determina a assimetria dessa batalha. Forma-se um ciclo no qual a criminalidade institucionalizada, em seu ápice, pode controlar todo o processo criminoso, desde a formulação de uma política pública enviesada (voltada a práticas espúrias), sua implementação, seja legislativa ou executiva, os mecanismos de controle e até mesmo o julgamento de sua legalidade e imunidade à Justiça criminal.

Não há como enfrentar um grupo que sequestra o Estado sem que haja mudanças legais e institucionais estruturantes. Como alcançar um sistema criminoso se ele detém o poder de nomear o nosso chefe, que pode cortar parte do nosso orçamento, que aprova as leis que regulamentam o nosso trabalho e que nomeia os juízes que os julgam? As chances de êxito, nesse cenário, são particularmente desfavoráveis.

Assim, depois de diagnosticarmos essa nova espécie da fauna criminal — essa baleia que até pouco tempo atrás se mantinha submersa e desconhecida —, apresentaremos algumas conclusões propositivas que podem ajudar a reconstruir nossas estruturas de governo e garantir o resgate do Estado.

Nossa experiência de décadas atuando na Polícia Federal nos autoriza a apontar algumas medidas administrativas, do ponto de vista da estruturação e das atribuições da PF, que permitiriam um salto ainda maior no potencial de atuação e de eficiência da principal instituição de combate ao crime de colarinho-branco no Brasil.

A primeira delas é a estruturação de uma unidade da PF especializada na investigação e perícia de crimes de desvios de recursos públicos em alta escala, voltada exclusivamente à análise dos gastos públicos (que envolvam recursos federais), com foco em fraudes em licitações e execução de contratos de grande porte. Essa iniciativa poderia ser acompanhada pela especialização de uma unidade voltada às perícias de engenharia e contabilidade nesses grandes casos. Desenvolver o know-how nessa área é o grande desafio para a PF. Ainda hoje, com cinco anos de Operação Lava Jato, há grupos de fraudadores atuando nesse tipo de crime. E isso ocorre, em parte, em razão da dificuldade de detecção dos esquemas.

Outro objetivo a ser perseguido numa reestruturação da PF é terminar com o recorrente alargamento de suas atribuições, o que ocorre muitas vezes sem critérios e sem dotação de meios e reforços para as novas funções. Há inúmeros projetos de lei e iniciativas que buscam atribuir à polícia judiciária da União, isto é, à PF, o dever de conduzir investigações acerca de diversas modalidades criminosas. Muitas delas, ao ampliarem o escopo de atribuição exclusiva da PF, reduzem sua energia dedicada a investigações como a Lava Jato — crimes cometidos por organizações paramilitares ou milícias armadas; delitos perpetrados contra jornalistas; tráfico interno de drogas; ou mesmo crimes de ódio contra mulheres. São áreas muito importantes, que devem ter uma melhor estrutura de investigação, mas não há justificativa para que sejam de atribuição exclusiva da PF. O foco aqui deve ser atacar o problema pelo fortalecimento da capacidade investigativa das polícias civis e não a simples alteração na atribuição para investigar.

Também é necessária a manutenção de concursos, para que não haja carência de pessoal por causa de aposentadorias, movimentações para outros cargos ou pedidos de exoneração. Como solução, poderia haver um gatilho automático para a realização de concursos a partir de determinado quantitativo de cargos vagos, assim, seria possível evitar os intermináveis entraves burocráticos para sua autorização. Nesse sentido, faz-se imperiosa a conscientização de que a polícia judiciária não é uma despesa, mas sim um investimento, tendo em vista a capacidade de retorno ao Estado, sobretudo evitando o desvio de verbas públicas por meio do crime institucionalizado e suas variantes e projeções.

Defendemos também que sejam excluídas da PF as atividades de polícia administrativa, a fim de que a corporação se transforme em uma unidade especializada da polícia judiciária, com autonomia orçamentária e financeira. Assim, atividades como emissão de passaportes, controle migratório e de segurança privada, entre outras, poderiam ser deslocadas para outros órgãos ou para uma agência criada para esse fim, mantendo na PF apenas a gestão dos dados e fluxos.

No sentido inverso, seria fundamental dotar a PF da condição de autoridade central na cooperação jurídica internacional em matéria penal, nos moldes do atual Departamento de Recuperação de Ativos e Cooperação Jurídica Internacional (DRCI), para que a PF pudesse tramitar diretamente seus pedidos de cooperação jurídica internacional com outros países. Numa época em que ocultar dinheiro ilícito no exterior virou especialidade das organizações criminosas que desviam recursos do Estado, é fundamental fortalecer a cooperação internacional, que, trazida para o organograma da PF, reduziria o potencial de influência do crime institucionalizado numa área tão importante.

Para além da recuperação de ativos no exterior, deve ser igualmente estimulada a descapitalização interna das estruturas criminosas, como forma de desencorajar a prática de crimes.

Quanto mais difícil o proveito do crime, menos interessante ele será. Portanto, a firme persecução do crime de lavagem de dinheiro, sobretudo com o reforço das medidas de prevenção, tornará mais difícil ao criminoso poder aproveitar o produto do crime.

Ainda sobre o fortalecimento da capacidade de resposta do Estado em relação ao crime institucionalizado, as polícias civis, enquanto unidades de polícia judiciária, devem ser estruturadas e capacitadas a perseguir essa modalidade criminosa, tão danosa à estrutura regional.

Por oportuno, são importantes o fortalecimento das corregedorias das polícias, com maior rigor nas punições disciplinares, especialmente as relativas à corrupção, e o estabelecimento físico das dependências da corregedoria fora da sede policial. As polícias devem reforçar a sua atividade de controle interno, dando prioridade às investigações que alvejam a corrupção policial.

Os mecanismos de accountability devem ser ainda muito trabalhados, para apresentar, de forma transparente e precisa, os dados quantitativos e qualitativos da atuação policial. Como imperativo de transparência que deve nortear o estado de direito, a população tem o direito de conhecer o resultado dos recursos investidos no serviço público.

Por fim, seria medida positiva de cautela a proibição de cessão de policiais federais para trabalharem como assessores de políticos, em gabinetes de senadores e deputados ou em ministérios e organismos cujas funções não guardam nenhuma relação com o trabalho de polícia judiciária. As cessões ficariam restritas ao Ministério da Justiça, às secretarias de segurança pública e aos organismos internacionais de combate à criminalidade globalizada.

O segundo grupo de propostas exige mudanças legislativas, é mais difícil de ser implementado, mas tem efeito muito mais estruturante na reforma do Estado brasileiro, e teria como primeira medida estabelecer mandato de quatro anos, sem possibilidade de prorrogação, para o diretor-geral da PF, a ser iniciado sempre na metade do mandato do chefe do Poder Executivo. Essa mudança atenuará a influência do presidente da República que nomeou o chefe da PF, uma vez que este atuará sempre em dois mandatos presidenciais distintos. A escolha do diretor-geral também deve obedecer à lista tríplice apresentada por um colégio superior de delegados de PF. A impossibilidade cabal de recondução, por sua vez, extingue a possibilidade de o diretor-geral trabalhar para sua renomeação, evitando a tentação de querer agradar quem tem a caneta para ser mantido no cargo.

As indicações políticas para tribunais de Justiça estaduais, tribunais regionais federais, STJ e STF também deveriam ser proibidas por uma emenda constitucional. Os tribunais de Justiça e os tribunais regionais federais passariam a ser compostos por juízes de carreira, escolhidos por meio de critérios objetivos por um órgão colegiado formado por desembargadores em seu respectivo nível — estadual ou regional federal. Os integrantes do STJ e do STF passariam a ser somente desembargadores de carreira, escolhidos também por critérios claros. Os ministros dos tribunais superiores deveriam, ainda, ocupar um mandato fixo não superior a dez anos. O veto às indicações políticas deveria ser estendido também aos tribunais de contas, cujas cadeiras devem ser preenchidas por concurso público, e os cargos de conselheiros/ministros, ocupados por servidores de carreira do órgão.

No mesmo sentido, defendemos a extinção dos cargos de livre nomeação na administração direta pelos chefes de poder, mantendo-os apenas para posição de ministros de Estado e secretários ou equivalentes. Os cargos com status de diretor e inferiores deveriam ser ocupados por servidores de carreira, devidamente concursados, evitando-se assim o loteamento de cargos no alto escalão da administração pública.

Do ponto de vista penal, uma medida profilática seria um conjunto de disposições que tornassem mais severas as punições para os crimes de corrupção com participação de ocupantes de cargos públicos — seja a classificação como crime hediondo, a extinção da possibilidade de progressão da pena ou outras medidas.

Num debate que ganha cada vez mais espaço e importância na sociedade, por vários motivos, é importante retomar a discussão de uma paulatina descriminalização das drogas no Brasil. A guerra às substâncias entorpecentes, da forma como é realizada por nossa legislação antidrogas, tem se mostrado ineficaz, e resulta em diversos efeitos negativos: aprofunda a formação de guetos e redutos de violência em áreas de concentração populacional de baixa renda; potencializa a criminalidade de rua; gera dezenas de delitos de suporte, incluindo o tráfico de armas e a corrupção policial; sufoca o sistema penitenciário com dezenas de milhares de presos jovens, condenados por cometerem pequenos atos ilícitos previstos na lei. E, não menos importante, essa guerra desfoca a PF de sua mais relevante missão: combater com efetividade, e utilizando-se de todos os seus recursos, a grande corrupção.

Posfácio
A história de um avião

Era madrugada do dia 26 de setembro de 2016 quando eu, Márcio Anselmo, deixei o hotel perto da rua Augusta, com a equipe de Curitiba, rumo à superintendência da PF em São Paulo, na marginal Tietê. No dia anterior, havíamos saído de Curitiba com a seguinte missão: deflagrar a Operação Omertà,* a 35ª fase da Lava Jato, que tinha como alvo o ex-ministro da Casa Civil, Antonio Palocci.

Essa operação era resultado de um trabalho de investigação minucioso do delegado Filipe Pace, que muito tempo antes havia encontrado a planilha "amigo", a qual depois foi apontada como sendo do ex-presidente Lula.

Naquela segunda-feira, saímos às três e meia da manhã, e, em pouco mais de quinze minutos, todos, já devidamente uniformizados, se aglomeravam no auditório da PF em São Paulo. Duas horas depois, seguimos para o bairro dos Jardins cumprir os mandados

---

* O nome foi batizado em alusão à origem italiana do codinome que a construtora usava para se referir ao principal investigado da fase, bem como ao voto de silêncio que imperava na Odebrecht, que, ao ser quebrado por integrantes do Setor de Operações Estruturadas, permitiu o aprofundamento das investigações.

de busca e apreensão e de prisão de Antonio Palocci, expedidos dias antes pelo juiz Sergio Moro.

Como era de praxe nessas circunstâncias, com o sol despontando, às seis da manhã, abordamos o porteiro e fomos para o apartamento de Palocci, que ocupava um andar inteiro do prédio. Em poucos instantes, já estávamos tocando a campainha.

Quando abriram a porta, anunciamos a diligência. Palocci já esperava que um dia seria alvo da operação, mesmo que não pudesse saber exatamente quando.

No majestoso apartamento, Palocci recebeu voz de prisão e foi conduzido a Curitiba. Em 25 de outubro de 2016, o delegado Pace concluiu essa fase das investigações, apontando em suas conclusões:

> Conforme Relatório de Análise de Polícia Judiciária nº 675/2016 (Evento 54, ANEXO 6, Autos nº 5043559-60.2016.4.04.7000), LUIZ INÁCIO LULA DA SILVA era conhecido pelas alcunhas de "AMIGO DE MEU PAI" e "AMIGO DE EO", quando usada por MARCELO BAHIA ODEBRECHT e, também, por "AMIGO DE SEU PAI" e "AMIGO DE EO", quando utilizada por interlocutores em conversas com MARCELO BAHIA ODEBRECHT.
>
> Muito embora haja respaldo probatório e coerência investigativa em se considerar que o "AMIGO" das planilhas "POSIÇÃO – ITALIANO310712MO.xls" e "POSIÇÃO – ITALIANO 22 out 2013 em 25 nov.xls" faça referência a LUIZ INÁCIO LULA DA SILVA, a apuração de responsabilidade criminal do ex-presidente da República não compete ao núcleo investigativo do GT LAVA JATO do qual esta Autoridade Policial faz parte. Consigne-se, todavia, que tais elementos probatórios já são de conhecimento do Exmo. Delegado de Polícia Federal MÁRCIO ADRIANO ANSELMO, responsável pelo núcleo de investigação dos crimes que, em tese, teriam sido praticados por LUIZ INÁCIO LULA DA SILVA.

ANTONIO PALOCCI FILHO, a partir do que foi possível apurar em esfera policial, foi o verdadeiro gestor de pagamentos de propina realizados pela ODEBRECHT e materializados nas planilhas "POSIÇÃO — ITALIANO310712MO.xls" e "POSIÇÃO — ITALIANO 22 out 2013 em 25 nov.xls".

Em depoimento judicial no dia 6 de setembro de 2017, Palocci foi assertivo ao afirmar que a relação entre a empreiteira Odebrecht e os governos Lula e Dilma era movida a propina. Algum tempo depois, já em 2018, Palocci celebrou acordo de colaboração com a PF, coordenado pelo delegado Pace e homologado pelo TRF-4, em Porto Alegre, em 22 de junho do mesmo ano.

Embora o primeiro termo que teve o sigilo levantado pelo juiz Sergio Moro fosse bastante emblemático em relação ao conceito de crime institucionalizado, os fatos divulgados no início de 2019 — de que Lula transportaria propina em dinheiro em espécie no avião presidencial, conhecido como Aerolula — coroam a teoria desenvolvida neste livro.[1] Mesmo que as autoridades não consigam provar a declaração de Palocci, entendemos que ele tem mais motivos para falar a verdade do que para mentir, já que supostas mentiras podem levá-lo de volta à cadeia.

Os fatos relatados por Palocci criam a mais contundente alegoria que encontramos até hoje para o crime institucionalizado. Até o momento nunca havíamos nos deparado com nada que expressasse tão bem a representação da ideia de uma organização delituosa inexpugnável, cujas rédeas são operadas por pessoas no centro do poder e em que os instrumentos e bens oficiais da República são usados para o cometimento das próprias transgressões penais.

Assim como usaram o *Diário Oficial* da União para nomear fraudadores profissionais para a Petrobras, usaram também o avião da presidência, munido de toda a segurança oficial, para o transporte de propina, a última etapa do crime de corrupção.

De fato, não há como uma equipe da PF interceptar uma remessa de dinheiro ilegal sendo transportado dentro do avião que se destina exclusivamente a servir o presidente, comandada pelo ministro da Fazenda a mando do próprio chefe de governo. Esse é o mais cristalino exemplo de crime perfeito.

A caneta, a mão que assina, o gabinete que abriga, o diário oficial que publica, as votações que aprovam leis, e agora o avião que cruza o céu do Brasil. O uso do FAB 001 — o Airbus de fabricação francesa adquirido pelo próprio ex-presidente em seu primeiro mandato — para levar dinheiro de corrupção é a quintessência da criminalidade institucionalizada.

Depois de todas essas descobertas, não podemos nos enganar em achar que o crime.gov pode ser completamente combatido. Ele tem a capacidade de ficar oculto, mas também consegue ressurgir com outra forma, outra roupagem. Ele deixa prepostos disfarçados e herdeiros travestidos de soldados da honestidade.

Para combatê-lo, uma das mais eficazes armas é o desenvolvimento de uma memória indelével por parte da sociedade, para não mais vivermos as falácias sistematicamente veiculadas pelos operadores do crime.gov.

Agradecimentos

Jorge Pontes:
Em primeiro lugar, queria fazer um agradecimento especial à minha mulher, Lilibeth, porque seu apoio provocou em mim o desejo de me reinventar. Este livro é para você, pela nossa história.

Agradeço à minha mãe, Norma, e ao meu pai, Jorge M. Pontes, por terem me dado tudo; aos meus filhos Beatriz, Vitória, Jorge, Pedro Henrique e João Guilherme Pontes, por serem o motivo do meu olhar para o futuro; ao meu grande amigo Leandro Salles, pela presença constante; e ao meu professor de biologia Walter Mello Veiga Silva, pelos ensinamentos de vida.

Agradeço também a pessoas que foram muitos importantes na minha carreira:

os agentes federais do núcleo original da DMAPH Luena Rego, Mara Fregapani, Cristiane Oioli e Claudia Bezerra, que saíram da Interpol para me ajudar a fundar a área de repressão aos crimes ambientais da PF, sem os quais eu não teria alcançado êxito;

os agentes federais Angela Mardegan, Cecilia Accioly, Carlos Augusto Abreu, Alvaro Vitor, que também foram fundamentais na consolidação da unidade recém-criada;

os agentes federais Sebastião Monteiro, Julio Justo e Alexandre Finkelstein, por terem sido tão produtivos e profissionais nas missões de prisão de foragidos internacionais;

os agentes federais Fabiola Marra, Luciane Marciano, Luís Augusto Maciel, Gilson R. de A. Vasconcelos, Sergio R. Pontes, Eglair Junior, Gustavo Sá, Claudenir Martins e Ricardo Napoleão, pela amizade e pelo profissionalismo;

os delegados federais Luis Fernando Almendros, Lacerda Carlos Junior (in memoriam), Jorge de A. Freitas, Alciomar Goersch, Paulo Roberto Ornellas, Valquiria Teixeira, Wilson Damazio, Zulmar Pimentel, Roberto das Chagas Monteiro, José Ercidio Nunes, Roberto Schweitzer, Agilio Monteiro Filho, Getulio Bezerra e Paulo Lacerda, meus chefes e mestres na profissão que muito me ensinaram.

o delegado federal José Roberto Benedito Pereira, pela ajuda nas pesquisas;

os meus colegas delegados federais Marcelo de Oliveira Andrade, Alexandre Saraiva, Vanessa Gonçalves, Paulo de Tarso Teixeira, Luiz Dorea, Rogerio Galloro, Geraldo Pereira, Claudia Braga, Tatiana Torres, Delano Bunn, Bernardo Torres, Karla Gomes, Rubens Lopes, Clarissa Cassol, Julia Vergara, Fernando Berbert, Luis Carlos Nóbrega, Fernanda Santos, Fernando Chuy, Adriana Vasconcelos, Denis Cali, Felipe Seixas, Sergio Trivelin, Luis Pontel, Roberto Troncon, Joselio de Sousa, Belmiro Araújo, Karla Patrícia, Renato Cintra, Antônio de Pádua e Ronaldo Magalhães, que comigo cerraram fileiras no combate à criminalidade;

o adido Philippe Dayer, da Fedpol da Suíça, pela longa trajetória de parceria e colaboração;

a minha amiga juíza Denise Frossard, pelo exemplo que deu ao enfrentar com destemor o crime organizado do Rio de Janeiro nos idos anos 1990;

o embaixador Oswaldo Portella, pelo apoio aos projetos de expansão internacional da PF;

os procuradores regionais da República Anaiva Oberst, Arthur de Brito Gueiros, Janice Ascari e Marcelo Ceará Serra Azul, pela parceria e confiança;

os agentes especiais do FBI Richard Ford, Gary Zaugg, James K. Weber, Richard Cavalieros e Dennis Pierce, pela excelente cooperação durante quase duas décadas;

o subcomissário da Polizia di Stato Roberto Donati, pela longa amizade e o apoio em ações conjuntas;

a agente especial Jill Birchell, do Fish and Wildlife Service, pelo apoio em inúmeros treinamentos;

a François Lamarque, do Office National de la Chasse et de la Faune Sauvage, pela caríssima colaboração;

o general de brigada da Gendarmerie Nationale Philippe De Boysere, pela cooperação de alto nível e amizade;

os delegados federais de Curitiba Erika Marena, Luciano Flores, Eduardo Mauat, Igor Romário e Rosalvo Franco, por terem arpoado a baleia do crime.gov e trazido-a à superfície, como nunca antes ninguém o fizera;

os delegados federais e pescadores de peixes grandes Flávio Zampronha (presidente da investigação do caso mensalão), Cleyber Lopes (presidente do inquérito que investigou os fatos envolvendo o presidente Michel Temer) e Antonio Beabrun (chefe das operações contra a quadrilha do ex-governador Sérgio Cabral), pelo auxílio e testemunho que me deram;

o ministro Luís Roberto Barroso, por sua resistência ao crime.gov e pela generosidade de nos presentear com o prefácio deste livro;

os editores Luíza Côrtes, Marcelo Ferroni e Bruno Porto, do Grupo Companhia das Letras, pelo precioso apoio no projeto do livro;

o juiz federal Sergio Moro, pelo exemplo que deu com seu trabalho à frente da 13ª Vara Criminal Federal de Curitiba;

e por último, mas não menos importante, agradeço ao Márcio Anselmo, coautor desta obra, delegado que puxou o fio da meada da Lava Jato e cujo trabalho ajudou a mudar a história.

Márcio Anselmo:
Agradeço a Milhomen, Prado, Witt, Macedo, João Paulo, Gabriel, Barth, Luciano, Pace, Renata, Moscardi, Busato, Adriano, Graça, Carbonera, Nitta, Vladimir, Paes e tantos outros pescadores da grande baleia ao longo destes anos, sem os quais os fatos descritos neste livro certamente não seriam trazidos a público.

Aos grandes pescadores Getulio Bezerra e Paulo Roberto Falcão Ribeiro, referências que me ensinaram a pescar.

Aos delegados Erika Marena, Igor Romário e Rosalvo Ferreira Franco, por terem acreditado no meu trabalho quando tudo era apenas pilhas de papel sem nexo.

Ao ex-juiz e hoje ministro de Estado da Justiça e Segurança Pública Sergio Fernando Moro, grande exemplo nessa batalha, e a sua fiel escudeira Flávia Blanco, sempre disponível nos momentos mais críticos.

Ao ministro Luís Roberto Barroso, forte na trincheira contra o crime institucionalizado, por ter gentilmente aceitado o convite de prefaciar este livro.

À professora Arinda Fernandes, estudiosa do tema da criminalidade organizada transnacional, por ter me trazido à carreira acadêmica.

Aos grandes mestres, ao longo do caminho, Marlene Kempfer, Sandra Lewis, Antenor Madruga, Antonio Cachapuz (in memoriam), Manoel Valente, Maria Teresa Sadek, Antonio Scarance,

Andre Carvalho Ramos, Wagner Menezes, Geraldo Miniucci e tantos outros.

Aos grandes exemplos de agentes públicos que conheci ao longo destes anos, que realmente fazem a diferença, entre os quais não poderia deixar de citar Antonio Gustavo Rodrigues, Antonio Ferreira de Souza, Joaquim da Cunha Neto, Rochele Pastana Ribeiro, João Carlos Coelho, Wagner Rosário, Rafael Jardim, Gerson Schaan, Marcus Vinicius de Carvalho, Ivanice Grosskopf, Gisele Becker.

Enfim, aos grandes colegas de trabalho que conheci ao longo de quase duas décadas, que se dedicam diariamente ao combate ao crime institucionalizado.

Ao grande parceiro desta obra, Jorge Pontes, por todas as horas divididas na concepção deste projeto.

Ao Grupo Companhia das Letras e aos editores Bruno Porto, Marcelo Ferroni e Luíza Côrtes, por terem acreditado no projeto.

Aos amigos de tantos anos.

Notas

PREFÁCIO: A NATURALIZAÇÃO DAS COISAS ERRADAS [pp. 9-18]

1. Os presos por crimes relacionados às drogas correspondem a 28% da população carcerária. Ver CNJ, Reunião especial de jurisdição, 2017. Disponível em: <www.cnj.jus.br/files/conteudo/arquivo/2017/02/b5718a7e7d6f2ede-e274f93861747304.pdf>. Acesso em: 18 fev. 2019.

1. A PRISÃO DE MARCELO ODEBRECHT [pp. 19-33]

1. *Jornal Nacional*, "Décima etapa da Operação Lava Jato recebe o nome de 'Que país é esse?'", 16 mar. 2015. Disponível em: <globoplay.globo.com/v/4039992/>. Acesso em 22 fev. 2019.

2. Sob o título "Compromisso com o Brasil", a Odebrecht publicou em seu site uma nota em que anunciava a decisão de colaborar com as investigações da Lava Jato e enviou-a para alguns veículos de imprensa, em 22 mar. 2016. Disponível em: <www.odebrecht.com/pt-br/comunicacao/releases/compromisso-com-o-brasil>. Acesso em: 2 jan. 2019.

3. Em abril de 2016, Janot entrou com ação no STF pedindo que a PF fosse proibida de negociar delações premiadas sem o MPF. G1, "Janot quer que Supremo proíba PF de negociar delações sem o MP", 29 abr. 2016. Disponível em: <g1.globo.com/politica/noticia/2016/04/janot-pede-para-stf-proibir-que-pf-negocie--delacao-premiada-sem-o-mp.html>. Acesso em: 11 jan. 2019.

4. Este era o texto abaixo da manchete: "CPI desvenda esquema de corrupção envolvendo empreiteiras e políticos". *Jornal do Brasil*, 2 dez. 1993.

2. DO TRÁFICO DE DROGAS AOS CRIMES AMBIENTAIS [pp. 34-53]

1. Bol, "Fim do foro resolve problema do STF, mas não o da impunidade, diz Barroso", 29 nov. 2017. Disponível em: <www.bol.uol.com.br/noticias/2017/11/29/fim-do-foro-resolve-problema-do-stf-mas-nao-o-da-impunidade-diz-barroso.htm>. Acesso em 21 fev. 2019.
2. *O Globo*, 16 mar. 1997.

3. O EMBRIÃO DA LAVA JATO [pp. 54-70]

1. G1, "Youssef diz que Lula cedeu à pressão para nomear Paulo Roberto Costa", 9 out. 2014. Disponível em: <g1.globo.com/politica/operacao-lava-jato/noticia/2014/10/youssef-diz-que-lula-cedeu-pressao-para-nomear-paulo-roberto-costa.html>. Acesso em: 21 fev. 2019.
2. Em maio de 2017, a PF deflagrou a Operação De Volta aos Trilhos, que detectou pagamento de propinas em obras da ferrovia. O histórico de fraudes na construção da Norte-Sul vem desde 1987, data da primeira licitação, que teve o resultado antecipado pela *Folha de S.Paulo*.
3. A proibição, pela Justiça do DF, de o *Estado de S. Paulo* divulgar notícias sobre a operação durou 3327 dias (mais de nove anos) até ser derrubada por decisão do ministro Ricardo Lewandowski, do STF, em 8 nov. 2018.
4. *Gazeta do Povo*, 2 ago. 2011.

4. OS DIFERENTES FOCOS DA POLÍCIA FEDERAL [pp. 71-82]

1. *Jovem Pan News*, "Perguntar Não Ofende com o economista Eduardo Moreira: 'Os bancos no Brasil são covardes'", 19 jul. 2018. Disponível em: <www.youtube.com/watch?v=kL8DHj6Ih18>. Acesso em 22 fev. 2019.
2. *Época*, "Problema para o novo diretor da PF: órgão apresenta déficit de 628 delegados", 1º mar. 2018. Disponível em: <epoca.globo.com/politica/expresso/noticia/2018/03/problema-para-o-novo-diretor-da-pf-orgao-apresenta-deficit-

-de-628-delegados.html›. Acesso em: 4 jan. 2019. G1, "Polícia Federal tem seiscentos cargos de delegados vagos e outros dois mil de agentes, diz diretor de gestão", 28 fev. 2018. Disponível em: ‹g1.globo.com/politica/blog/matheus-leitao/post/2018/02/28/pf-tem-600-cargos-vagos-para-delegados-e-outros-2-mil-a--agentes-diz-diretor-de-gestao.ghtml›. Acesso em: 11 jan. 2019.

3. O Levantamento Nacional de Informações Penitenciárias foi publicado pelo Ministério da Justiça em dez. 2017, com dados atualizados até jun. 2016. Disponível em: ‹depen.gov.br/DEPEN/noticias-1/noticias/infopen-levantamento-nacional--de-informacoes-penitenciarias-2016/relatorio_2016_22111.pdf›. Acesso em: 4 jan. 2019.

5. DO CRIME ORGANIZADO AO INSTITUCIONALIZADO [pp. 83-111]

1. G1, "'Não importa o quão alto você esteja, a lei ainda está acima', escreve Moro", 12 jul. 2017. Disponível em: ‹g1.globo.com/politica/blog/matheus-leitao/post/nao-importa-o-quao-alto-voce-esteja-lei-ainda-esta-acima-escreve-moro.html›. Acesso em: 21 fev. 2019.

2. A atual lei brasileira de combate à lavagem de dinheiro é de 1998 e foi promulgada pelo então presidente da República Fernando Henrique Cardoso (lei nº 9613/98).

3. Definição de organização criminosa, segundo texto final da Convenção de Palermo publicado em decreto da Presidência da República. Disponível em: ‹www.planalto.gov.br/ccivil_03/_ato2004-2006/2004/decreto/d5015.htm›. Acesso em: 8 jan. 2019.

4. Lei nº 12.850, que "define organização criminosa e dispõe sobre a investigação criminal, os meios de obtenção da prova, infrações penais correlatas e o procedimento criminal", 2 ago. 2013.

5. *Folha de S.Paulo*, "Joesley diz que Cardozo se arrependeu de lei contra organizações criminosas", 29 set. 2017. Em um áudio de uma conversa com um interlocutor, Joesley relata diálogo com Cardozo, em que teria dito ao ex-ministro da Justiça: "Você lembra que tava feliz, comemorando a lei de combate ao crime organizado?". E Cardozo respondeu, segundo Joesley: "Puuuta cagada, Joesley. [...] Aprovamos essa lei pensando no crime organizado, no narcotráfico. Eu e a Dilma, rapaz, nos enganamos", teria dito Cardozo, sobre o uso da lei pelas investigações e decisões judiciais da Lava Jato. Ao jornal, Cardozo negou ter havido o diálogo.

6. O pedido de Cavalcanti foi feito em maio de 2005, em audiência com a então ministra, e se referia à Diretoria de Exploração e Produção da Petrobras.

7. Desde que a Lava Jato levou vários políticos à prisão, foram apresentados no Congresso projetos de lei para ampliar a definição dos crimes de abuso de autoridade. O PLS 85, relatado pelo senador Roberto Requião (PMDB-PR), foi aprovado no Senado em 2017 e, até o primeiro semestre de 2019, ainda tramitava na Câmara.

8. Apresentado pelo deputado Wadih Damous (PT-RJ) em 2016, o projeto alterava a Lei do Crime Organizado, no artigo que trata das colaborações premiadas, para que só fosse aceito como delator quem estivesse em liberdade.

9. G1, "Delegacia de combate à corrupção que foi extinta em PE busca concluir 5 inquéritos em 45 dias". Disponível em: <https://g1.globo.com/pe/pernambuco/noticia/2018/11/20/delegacia-de-combate-a-corrupcao-que-foi-extinta-em-pe-busca-concluir-cinco-inqueritos-em-45-dias.ghtml>. Acesso em: 11 jan. 2019.

10. O relatório do inquérito do mensalão na PF foi concluído pelo delegado Luís Flávio Zampronha, fev. de 2011, e ajudou a embasar o julgamento da ação penal 470 no ano seguinte, a partir do voto do relator no STF, Joaquim Barbosa.

11. Portal Terra, "Relator do mensalão afirma que houve compra de deputados no governo Lula". Disponível em: <www.terra.com.br/noticias/mundo/relator-do-mensalao-afirma-que-houve-compra-de-deputados-no-governo-lula,f058ca96d81ea310VgnCLD200000bbcceb0aRCRD.html>. Acesso em: 21 jan. 2019.

12. Trecho do relatório final do inquérito da PF que investigou o mensalão.

13. A ministra da Casa Civil Erenice Guerra foi acusada de tráfico de influência por suposto favorecimento à empresa de seu filho em contratos com o governo, set. 2010. Ela se demitiu no mesmo mês, e a investigação foi arquivada em 2012.

14. Gleisi Hoffmann foi investigada em quatro casos no STF. Em junho de 2018, foi absolvida da acusação de corrupção e lavagem de dinheiro de recursos que teriam vindo de contratos da Petrobras. Ela ainda foi alvo de três denúncias da PGR — duas relacionadas a recebimento de dinheiro da Odebrecht e outra por suposta participação em organização criminosa.

15. Jaques Wagner foi alvo da Operação Cartão Vermelho, fev. 2018. Com base em depoimentos de executivos da Odebrecht, a investigação apurava ilegalidades na demolição e reconstrução do estádio da Fonte Nova para a Copa de 2014.

16. Aloizio Mercadante foi acusado de receber ilegalmente 1 milhão de reais em sua campanha a governador de São Paulo em 2010. O caso foi arquivado pelo MP eleitoral em junho de 2018.

17. Eliseu Padilha foi denunciado pela PGR por formação de organização criminosa junto do ex-presidente Michel Temer e outros políticos do MDB.

18. Trecho do voto do ministro Joaquim Barbosa pela condenação de José Dirceu no julgamento do mensalão, 12 nov. 2012.

19. Desde 2005, quando o caso do mensalão veio à tona durante o seu ministério, Thomaz Bastos elaborou a linha de defesa de que os recursos não eram fruto de corrupção, mas caixa dois de campanhas. Em 2012, durante o julgamento do mensalão, ele era advogado do vice-presidente do Banco Rural, José Roberto Salgado. Ao comentar o voto do ministro revisor, Ricardo Lewandowski, pela absolvição de alguns dos acusados do crime de corrupção, Thomaz Bastos disse que era "uma vitória da tese do caixa dois", conforme registraram *O Globo* e *O Estado de S. Paulo*, 24 ago.

20. Ao apresentar denúncias ao STF, o então procurador-geral da República, Rodrigo Janot, formalizou separadamente duas acusações de formação de quadrilha: uma contra o grupo do MDB no Senado (senadores Edison Lobão, Jader Barbalho, Renan Calheiros, Romero Jucá e Valdir Raupp) e outra contra o grupo do MDB na Câmara (Michel Temer, Eduardo Cunha, Henrique Alves, Geddel Vieira Lima, Rodrigo Loures, Eliseu Padilha e Moreira Franco), set. 2017. No entendimento de Janot, eram organizações criminosas distintas.

21. *Folha de S.Paulo*, "Sérgio Motta intermediou compra de voto pró-reeleição, diz deputado", 14 maio 1997. A matéria de 13 de maio, dia do começo da publicação do escândalo, revela a existência de áudio em que Ronivon Santiago conta a um amigo que vendeu seu voto a favor da emenda da reeleição, aprovada em fevereiro daquele ano pela Câmara.

22. Edwin Sutherland, "White-Collar Criminality". *American Sociological Review*, v. 5, n. 1, pp. 1-12, 1940.

23. Edwin Sutherland, *Crime de colarinho branco*. Rio de Janeiro: Revan, 2015, p. 150.

24. O STF proibiu, por 6 votos a 5, a condução coercitiva de réus e investigados para depoimento. Votaram pela proibição os ministros Gilmar Mendes, Rosa Weber, Dias Toffoli, Ricardo Lewandowski, Marco Aurélio Mello e Celso de Mello, 14 jun. 2018.

25. *Jornal Nacional*. "Ciro Gomes (PDT) é entrevistado no *Jornal Nacional*". Disponível em: <https://g1.globo.com/jornal-nacional/noticia/2018/08/27/ciro-gomes-pdt-e-entrevistado-no-jornal-nacional.ghtml>. Acesso em: 11 jan. 2019.

26. Jean Ziegler, *Os senhores do crime: As novas máfias contra a democracia*. Rio de Janeiro: Record, 2003.

6. UM DIA INCOMUM: A INVESTIGAÇÃO SOBRE LULA [pp. 112-23]

1. *O Globo*, "Decano do STF diz que corrupção impregnou-se no tecido e na intimidade de alguns partidos", 18 ago. 2015. Disponível em: <oglobo.globo.com/brasil/decano-do-stf-diz-que-corrupcao-impregnou-se-no-tecido-na-intimidade--de-alguns-partidos-17227651>. Acesso 21 fev. 2019.
2. Trecho do despacho de Sergio Moro em que o juiz levanta o sigilo das interceptações telefônicas do ex-presidente Lula.
3. Discurso da ex-presidente Dilma Rousseff. Disponível em: <www.biblioteca.presidencia.gov.br/presidencia/ex-presidentes/dilma-rousseff/discursos/discursos-da-presidenta/discurso-da-presidenta-da-republica-dilma-rousseff--durante-cerimonia-de-posse-dos-novos-ministros-de-estado-chefe-da-casa-civil--luiz-inacio-lula-da-silva-da-justica-eugenio-aragao-da-secretaria-de-aviacao-civil--mauro-lopes-e-do-chefe-de-gabinete-pessoal>. Acesso em: 8 jan. 2019.
4. Trecho da decisão do ministro Gilmar Mendes, suspendendo a nomeação do ex-presidente Lula para a Casa Civil, 18 mar. 2018.
5. A ordem de prisão do ex-presidente Luiz Inácio Lula da Silva foi expedida por volta das 18 horas do dia 5 de abril de 2018.
6. Trecho do despacho do juiz Sergio Moro que determinou a prisão do ex--presidente Lula, 5 abr. 2018.

7. CAPITALISMO À BRASILEIRA [pp. 124-45]

1. *El País*, "O vídeo em que Emílio Odebrecht diz que esquema tem 30 anos e culpa a imprensa e os Poderes", 17 abr. 2017. Disponível em: <brasil.elpais.com/brasil/2017/04/14/politica/1492192630_931956.html>. Acesso em 21 fev. 2019.
2. A força-tarefa da Lava Jato do MPF no Paraná denunciou os ex-ministros da Fazenda Guido Mantega e Antonio Palocci Filho; os ex-representantes da Odebrecht Marcelo Bahia Odebrecht, Maurício Ferro, Bernardo Gradin, Fernando Migliaccio da Silva, Hilberto Mascarenhas Alves da Silva Filho e Newton Sergio de Souza, além dos publicitários Mônica Regina Cunha Moura, João Cerqueira de Santana Filho e André Luis Reis de Santana, pelos crimes de corrupção ativa e passiva e lavagem de dinheiro. Processo: 5033771-51.2018.404.7000. Chave eletrônica: 904895809718.

A investigação revelou que Marcelo Odebrecht, com auxílio de Maurício Ferro, Bernardo Gradin e Newton de Souza, fez promessas indevidas aos ex-ministros da Fazenda, com o objetivo de influenciá-los na edição de medida provisória. A promessa de propina aceita por Mantega era no valor de 50 milhões de reais, quantia que permaneceu à sua disposição em conta específica mantida pelo Setor de Operações Estruturadas da Odebrecht, sob o comando de Fernando Migliaccio e Hilberto da Silva Filho. O pagamento de propina viabilizou a edição das medidas provisórias nº 470 e nº 472, as quais permitiram à Braskem (empresa do grupo Odebrecht) a compensação de prejuízo com débitos tributários decorrentes do aproveitamento de crédito ficto do IPI, cujo reconhecimento havia sido negado anteriormente por decisão do STF.

3. Peter Schweizer se notabilizou como um dos principais críticos do "capitalismo de compadrio", autor de *Extortion: How Politicians Extract Your Money, Buy Votes and Line Their Own Pockets*. Boston: Mariner Books, 2013.

4. Joesley Batista, dono da JBS, fechou acordo de colaboração com o MPF em março de 2017. Uma de suas atribuições para ajudar nas investigações foi gravar conversas com políticos, como fez com o ex-presidente Michel Temer.

5. O juiz Marcelo Bretas, da Justiça Federal no Rio, condenou Eike Batista a trinta anos de prisão por corrupção ativa e lavagem de dinheiro, em jul. 2018. A acusação era de que ele pagou propina ao ex-governador do Rio, Sérgio Cabral.

6. *O Globo*. "MP-RJ entra com ação contra Jorge Picciani pela primeira vez". Disponível em: <oglobo.globo.com/brasil/mp-rj-entra-com-acao-contra-jorge-picciani-pela-primeira-vez-22420624>. Acesso em: 11 jan. 2019.

7. Sarah Chayes, *Thieves of State: Why Corruption Threatens Global Security*. Nova York: W. W. Norton & Company, 2014.

8. Segundo o TSE, só em 2018, 69 municípios tiveram novas eleições após a cassação do prefeito, na maioria dos casos por abuso do poder econômico nas eleições.

9. *O Globo*, "PT gastou R$ 1,4 bilhão para eleger e reeleger Dilma, diz Palocci em delação", 1º out. 2018. Disponível em: <oglobo.globo.com/brasil/pt-gastou-14-bilhao-para-eleger-reeleger-dilma-diz-palocci-em-delacao-23116232>. Acesso em: 12 jan. 2019. Em 2015, na esteira das revelações da Lava Jato, o STF proibiu a doação de empresas a partidos políticos e candidatos a cargos públicos. A candidatura derrotada de Fernando Haddad (PT) à Presidência declarou gastos de 34 milhões de reais na campanha de 2018. Agência Brasil. Disponível em: <agenciabrasil.ebc.com.br/politica/noticia/2018-10/campanha-de-haddad-gasta-20-vezes-mais-do-que-de-bolsonaro>. Acesso em: 12 jan. 2019.

10. Trecho do termo de colaboração de Antonio Palocci, constante no processo 5026427-19.2018.4.04.7000/PR, evento 11, TERMOAUD3, p. 10.

11. Em 2018, a *Folha de S.Paulo* mostrou que documentos do governo do Reino Unido registraram que a ditadura brasileira abafou investigação de corrupção na compra de fragatas nos anos 1970. Disponível em: <www1.folha.uol.com.br/

poder/2018/06/ditadura-abafou-apuracao-de-corrupcao-dos-anos-70-revelam--documentos-britanicos.shtml>. Acesso em: 11 jan. 2019.
Em 2015, o UOL elencou dez casos de corrupção nos anos do regime militar. Disponível em: <noticias.uol.com.br/politica/ultimas-noticias/2015/04/01/conheca-dez-historias-de-corrupcao-durante-a-ditadura-militar.htm>. Acesso em: 11 jan. 2019.

12. *Folha de S.Paulo*. "Verba de campanha estimula compra e venda de deputados", 24 fev. 2018. Disponível em: <www1.folha.uol.com.br/poder/2018/02/verba-de--campanha-estimula-compra-e-venda-de-deputados.shtml>. Acesso em: 11 jan. 2019.

13. O documento está disponível para consulta pública no site do MPF. Disponível em: <www.mpf.mp.br/para-o-cidadao/caso-lava-jato/entenda-o-caso/documentos/arquivo-1-regulamento-futebol>. Acesso em: 11 jan. 2019.

14. Trechos de documento apreendido pela PF com o ex-presidente da Odebrecht Infraestrutura, Benedicto Barbosa, em 2016. Disponível em: <midia.gruposinos.com.br/_midias/pdf/2016/03/24/sport1-1390806.pdf> e <midia.gruposinos.com.br/_midias/pdf/2016/03/24/sport2-1390807.pdf>. Acesso em: 12 jan. 2019.

15. A nota da Odebrecht permanece pública no site da empresa. Disponível em: <www.odebrecht.com/pt-br/comunicacao/releases/desculpe-a-odebrecht--errou>. Acesso em: 11 jan. 2019.

16. O acórdão está aberto à consulta pública no site do TCU. Disponível em: <portal.tcu.gov.br/imprensa/noticias/abreu-e-lima-valores-de-indenizacoes--milionarias-pagos-a-empresas-foram-calculados-inadequadamente.htm>. Acesso em: 12 jan. 2019.

17. Augustine Ruzindana, "A importância da liderança na luta contra a corrupção em Uganda". In: Kimberly A. Elliot (Org.). *A corrupção e a economia global*. Brasília: Editora UnB, 2002. pp. 201-18.

18. G1, "Metade dos estádios da Copa tem suspeitas de irregularidades, segundo delações da Odebrecht", 14 abr. 2017. Disponível em: <g1.globo.com/politica/operacao-lava-jato/noticia/metade-dos-estadios-da-copa-tem-suspeitas--de-irregularidades-segundo-delacoes-da-odebrecht.ghtml>. Acesso em: 12 jan. 2019. No Rio, o ex-governador Sérgio Cabral foi condenado por cobrar propina na reforma do Maracanã.

19. O dilema do prisioneiro funciona da seguinte forma: dois suspeitos, A e B, são presos pela polícia. A polícia tem provas insuficientes para condená-los, e, ao separar os prisioneiros, oferece a ambos o mesmo acordo. Se um dos prisioneiros confessar e testemunhar contra o outro, e esse outro permanecer em silêncio, o que confessou sai livre enquanto o cúmplice silencioso cumpre dez anos de sentença. Se ambos ficarem em silêncio, a polícia só pode condená-los a seis meses

cada um. Se ambos entregarem o outro, cada um é condenado a cinco anos. Cada prisioneiro toma a sua decisão sem saber a do outro.

Na analogia, os prisioneiros seriam as empresas concorrentes que, no escuro, têm de decidir se pagam ou não propina ao gestor corrupto a fim de obter alguma chance de ganhar concorrências e contratos. Como a conduta unilateral de pagar propina é sempre encoberta para os demais participantes do certame, as empresas não sabem se as adversárias entraram ou não no jogo sujo.

20. Susan Rose-Ackerman, Bonnie J. Palifka, *Corruption and Government: Causes, Consequences, and Reform*. Cambridge: Cambridge University Press, 1999.

21. Edwin H. Sutherland, *Crime de colarinho branco* (versão sem cortes). Trad.: Clécio Lemos. Rio de Janeiro: Revan, 2015, pp. 84-108.

22. Ibid., p. 99.

23. Ibid., pp. 148-9.

8. JOIAS, BICHEIROS E CHEQUES FRIOS – OS DESMANDOS ESTADUAIS [pp. 146-66]

1. G1, "Costa se diz 'arrependido' e fala em 'dezenas' de políticos envolvidos", 2 dez. 2014. Disponível em: <g1.globo.com/politica/operacao-lava-jato/noticia/2014/12/costa-diz-em-acareacao-que-nao-respondera-perguntas-da-cpi.html>. Acesso em: 22 fev. 2019.

2. A Lava Jato no Rio identificou esquemas de fraudes ou cobranças de propinas em contratos das áreas de Saúde, Transportes, Obras e Administração Penitenciária etc. durante o governo de Sérgio Cabral.

3. Othon Luiz Pinheiro da Silva, ex-presidente da Eletronuclear, foi condenado pela 7ª Vara Federal Criminal do Rio a 43 anos pelos crimes de corrupção, lavagem de dinheiro e participação em organização criminosa, 4 ago. 2016.

4. Em 30 jun. 2016, a Operação Saqueador prendeu Carlinhos Cachoeira e Fernando Cavendish, os lobistas Adir Assad e Marcelo José Abbud, além de Cláudio Abreu.

5. O Código de Conduta da administração estadual foi publicado no *Diário Oficial do Rio* em 5 jul. 2011.

6. Em janeiro de 2019, o ex-governador do Rio ainda era réu em dezessete processos, tendo sido condenado nove vezes, com penas que totalizam 198 anos e seis meses de prisão.

7. As delações dos executivos da Andrade Gutierrez sobre a corrupção em obras como o Maracanã e o Arco Metropolitano basearam investigações que levaram à condenação de Sérgio Cabral.

8. *O Globo*, "Cabral manipulou licitação do Maracanã em troca de anel para Adriana Ancelmo, diz empreiteiro". 4 dez. 2017. Disponível em: <oglobo.globo.com/brasil/cabral-manipulou-licitacao-do-maracana-em-troca-de-anel-para-adriana-ancelmo-diz-empreiteiro-22148301>. Acesso em: 12 jan. 2019.

9. Trecho do depoimento de Fernando Cavendish ao juiz Marcelo Bretas na Justiça Federal do Rio, 4 dez. 2017.

10. Os irmãos Marcelo e Renato Chebar fecharam acordo de colaboração com a Lava Jato no Rio, em jan. 2017, e passaram a dar uma série de depoimentos para contar o que sabiam sobre casos de corrupção no estado.

11. A Operação Fatura Exposta, deflagrada em 11 abr. 2017, levou Côrtes e Iskin à prisão. Os detalhes do esquema de fraude foram revelados pelo ex-subsecretário de Saúde Cesar Romero.

12. A Operação Ratatouille prendeu Marco Antônio de Luca em 1º jun. 2017. Ele era dono da empresa que ganhou contratos no governo do Rio pagando propina a autoridades estaduais.

13. A Operação Unfair Play foi deflagrada em 5 out. 2017.

14. Em 19 out. 2017, a Justiça Federal aceitou a denúncia do MPF contra Cabral e Nuzman por corrupção na compra de votos do COI para as Olimpíadas do Rio, indicando que havia indício de que dinheiro desviado dos cofres públicos fora usado no esquema.

15. O ex-vice-presidente de Fundos de Governo e Loterias da Caixa Econômica Federal, Fábio Cleto, confessou em delação premiada o pagamento de propina para ele e para o ex-deputado Eduardo Cunha em troca da liberação de verbas da Caixa para o financiamento da revitalização do Porto do Rio.

16. Os pagamentos da Fetranspor a parlamentares do Rio foram revelados nos depoimentos de pelo menos quatro colaboradores da Justiça: o doleiro Álvaro José Novis, que atuava para os empresários; o ex-presidente do TCE, Jonas Lopes; o dono de empresas de ônibus Marcelo Traça Gonçalves; e Carlos Miranda, operador de Sérgio Cabral.

17. Por lei, na composição do TCE, o Poder Legislativo tem a incumbência de indicar três conselheiros titulares.

18. Trechos da delação de Jonas Lopes foram revelados por *O Globo*, 23 ago. 2017. Disponível em: <oglobo.globo.com/brasil/empresa-de-picciani-lavou-dinheiro-com-venda-de-gado-afirma-ex-presidente-do-tce-rj-21738151>. Acesso em: 12 jan. 2019.

19. O TRF da 2ª Região aceitou denúncia contra Picciani em 15 mar. 2018. Disponível em: <oglobo.globo.com/brasil/por-unanimidade-tribunal-torna-picciani-melo-albertassi-reus-na-cadeia-velha-22494872>. Acesso em: 12 jan. 2019.

20. O G1 deu detalhes do funcionamento da quadrilha, segundo a investigação da PF. Disponível em: <gl.globo.com/Noticias/Brasil/0,,MUL95536-5598,00-PF +PRENDE+EM+OPERACAO+CONTRA+JOGO+DO+BICHO+ELETRONI CO.html>. Acesso em: 12 jan. 2019.

21. *Folha de S.Paulo*, "Verba teria financiado campanha de ACM", 4 abr. 2001. Disponível em: <www1.folha.uol.com.br/fsp/brasil/fc0604200113.htm>. Acesso em: 12 jan. 2019.

Informações do inquérito: IPL 01.091/93-SR/DF, aforado na 10ª Vara Federal de Brasília sob número 930006306-5.

9. OS OBSTÁCULOS AO TRABALHO DA POLÍCIA FEDERAL [pp. 167-201]

1. *Jornal Nacional*, "Segovia é demitido da PF após três meses no cargo e muita polêmica", 27 fev. 2019. Disponível em: <gl.globo.com/jornal-nacional/ noticia/2018/02/segovia-e-demitido-da-PF-apos-tres-meses-no-cargo-e-muita- -polemica.html>. Acesso em 22 fev. 2019.

2. A *Folha de S.Paulo* estampava a reportagem: "Cópias citam supostas contas de tucanos", 14 nov. 1998.

3. *O Globo*, "A história de uma farsa que se mostrou bem lucrativa", 11 mar. 2001. A entrevista com Oscar de Barros dava detalhes de como foi montado o esquema do Dossiê Cayman.

4. Vicente Chelotti prestou depoimento como réu no caso Dossiê Cayman à Justiça Federal do DF em 10 nov. 2004. No dia, o *Estado de S. Paulo* publicou a notícia: "Réu no caso Cayman diz ter recebido ordens de FHC".

5. A *Folha de S.Paulo* publicou trechos do depoimento de FHC à PF na reportagem "FHC ordenou não inclusão de documento em inquérito", 31 mar. 2005.

6. Estatística produzida pela PF, que disponibiliza o número de operações ano a ano em seu site. Disponível em: <www.pf.gov.br/imprensa/estatistica/operacoes>. Acesso em: 14 jan. 2019.

7. Decreto da ex-presidente da República publicado em 2 mar. 2012.

8. Os vídeos dos depoimentos de Mônica Moura são públicos. G1, "Dilma ligou para alertar João Santana sobre mandados de prisão, diz Mônica Moura", 12 maio 2017. Na matéria, a publicitária relata o vazamento de informações. Disponível em: <gl.globo.com/politica/operacao-lava-jato/noticia/dilma-ligou-para-alertar- -joao-santana-sobre-mandados-de-prisao-diz-monica-moura.ghtml>. Acesso em: 14 jan. 2019.

9. *Folha de S.Paulo*, "A vez da Polícia Federal", 9 nov. 2017.

10. G1, "Sarney fez lobby por novo diretor-geral da PF em encontro com Temer", 8 nov. 2017. Disponível em: <g1.globo.com/politica/blog/andreia-sadi/post/sarney-fez-lobby-por-novo-diretor-em-encontro-com-temer.ghtml> Acesso em: 14 jan. 2019.

11. A entrevista coletiva de apresentação de Fernando Segovia como diretor-geral da PF foi em 20 nov. 2017, publicada em diversos veículos de imprensa. Disponível em: <g1.globo.com/politica/noticia/segovia-poe-em-duvida-se-uma-unica-mala-e-suficiente-para-apontar-se-temer-praticou-corrupcao.ghtml>. Acesso em: 14 jan. 2019.

12. Declarações dadas em entrevista à *Veja*: "PF tem desvios de conduta e ações de viés político, diz diretor", 16 dez. 2017. Disponível em: <veja.abril.com.br/politica/pf-tem-desvios-de-conduta-e-acoes-de-vies-politico-diz-diretor/>. Acesso em: 14 jan. 2019.

13. Declarações em entrevista à agência Reuters: "Segovia diz que não há indício de crime em inquérito contra Temer e indica arquivamento", 9 fev. 2018. Disponível em: <br.reuters.com/article/topNews/idBRKBN1FT30G-OBRTP>. Acesso em: 14 jan. 2019.

14. A íntegra das respostas do então presidente Michel Temer à PF foi anexada ao inquérito e publicada por veículos de imprensa. *O Globo*, "Temer responde às 50 perguntas da PF, nega acusações e critica agressividade da polícia", 18 jan. 2018. Disponível em: <oglobo.globo.com/brasil/temer-responde-as-50-perguntas-da-pf-nega-acusacoes-critica-agressividade-da-policia-22302516>. Acesso em: 14 jan. 2019.

15. Os encontros entre Michel Temer e Fernando Segovia fora da agenda oficial foram noticiados pela imprensa: *Jornal Nacional*, 15 jan. 2018. Disponível em: <g1.globo.com/jornal-nacional/noticia/2018/01/presidente-temer-recebe-diretor-geral-da-pf-fora-da-agenda-oficial.html>. Acesso em: 14 jan. 2019.

16. No dia do segundo encontro fora da agenda com Michel Temer, Segovia informou à imprensa que a pauta seria o policiamento de fronteiras. *Jornal Nacional*, 30 jan. 2018. Disponível em: <g1.globo.com/jornal-nacional/noticia/2018/01/temer-se-reune-com-diretor-geral-da-pf-de-novo-sem-ministro-da-justica.html>. Acesso em: 14 jan. 2019.

17. Fernando Segovia informou que o motivo do encontro com o presidente Michel Temer fora da agenda oficial era apresentar um plano de segurança pública. Poder360, "Diretor da PF apresenta novo plano de segurança nacional a Michel Temer", 15 jan. 2018. Disponível em: <www.poder360.com.br/governo/diretor-da-pf-apresenta-novo-plano-de-seguranca-nacional-a-michel-temer/>. Acesso em: 14 jan. 2019.

18. O memorando número 25/2018 foi enviado pelos delegados do Grupo de Inquéritos do STF (Ginq) ao diretor de Investigação e Combate ao Crime Organizado.

19. G1, "Empresário mostra documento que comprova que parte da reforma da casa da filha de Temer foi paga em dinheiro", 9 jun. 2018. Disponível em: <g1.globo.com/sp/sao-paulo/noticia/empresario-mostra-documento-que-comprova--que-parte-da-reforma-da-casa-da-filha-de-temer-foi-paga-em-dinheiro.ghtml>. Acesso em: 15 jan. 2019. Em 16 out. 2018, a PF indiciou Temer e a filha Maristela por corrupção passiva e lavagem de dinheiro.

10. AS INDICAÇÕES POLÍTICAS [pp. 202-11]

1. *O Estado de S. Paulo*, "Gilmar Mendes acusa PT de cleptocracia", 18 set. 2015. Disponível em: <politica.estadao.com.br/blogs/fausto-macedo/gilmar-mendes--acusa-pt-de-cleptocracia/>. Acesso em: 22 fev. 2019.

2. Trecho da circular enviada pela direção da PF às 27 superintendências regionais, 9 fev. 2018.

3. Em vários depoimentos, o ex-presidente do TCE, Jonas Lopes, citou o recebimento de mesada por conselheiros. G1, "Presidente afastado do TCE-RJ admite em juízo mesada de empresas", 9 out. 2017. Disponível em: <g1.globo.com/rio--de-janeiro/noticia/presidente-afastado-do-tce-rj-admite-em-juizo-mesada-de--empresas.ghtml>. Acesso em: 15 jan. 2019.

4. Em 2 abr. 2018, *O Globo* publicou o áudio da conversa entre o empresário Marcos Andrade Barbosa Silva e o conselheiro Aloysio Neves, em que este admite o pagamento de propina: "Áudio: Presidente afastado do TCE-RJ admite esquema de propina, em gravação feita por delator". Disponível em: <oglobo.globo.com/brasil/audio-presidente-afastado-do-tce-rj-admite-esquema-de-propina-em-gravacao--feita-por-delator-1-22548179>. Acesso em: 14 jan. 2019.

5. Afirmação feita pelo ex-presidente do TCE-RJ, Jonas Lopes, em sua delação premiada. *O Estado de S. Paulo*, "TCE do Rio achacava prefeitos, diz delator", 10 abr. 2017. Disponível em: <politica.estadao.com.br/noticias/geral,tce-do-rio-achacava--prefeitos-diz-delator,70001733002>. Acesso em: 14 jan. 2019.

6. Levantamento publicado por *O Globo*: "Depois da Lava Jato, TCE-RJ cancela 4 bilhões de reais em licitações", 22 abr. 2018. Disponível em: <oglobo.globo.com/brasil/depois-da-lava-jato-tce-rj-cancela-r4-bilhoes-em-licitacoes-22617295>. Acesso em: 14 jan. 2019.

11. O ATUAL PAPEL DA POLÍCIA FEDERAL [pp. 212-28]

1. James Comey, *A Higher Loyalty: Truth, Lies, and Leadership*. Nova York: Flatiron Books, 2018.
2. A divisão se refletiu no resultado final do julgamento do habeas corpus do ex-presidente Lula. G1, "Supremo rejeita por 6 votos a 5 habeas corpus preventivo para Lula; prisão agora depende do TRF-4", 4 abr. 2018. Disponível em: <g1.globo.com/politica/noticia/stf-julgamento-habeas-corpus-lula-4-de-abril.ghtml>. Acesso em: 15 jan. 2019.
3. Ver de Ferrajoli, por exemplo, *Direito e razão: Teoria do garantismo penal* (São Paulo: Revista dos Tribunais, 2006) e *Por uma teoria dos direitos e dos bens fundamentais* (Porto Alegre: Livraria do Advogado, 2018).
4. O termo "punitivismo" tem sido empregado no sentido negativo. Para uma discussão sobre garantismo e positivismo no direito brasileiro, ver Patrícia Pimentel de Oliveira Chambers Ramos, "Garantismo versus punitivismo: O equívoco da contrariedade". *Revista do Ministério Público do Rio de Janeiro*, n. 67, jan./mar. 2018, p. 199-223.
5. *O Globo*, "Brasil viveu 'pacto oligárquico de saque ao Estado', diz Barroso", 2 abr. 2018. Disponível em: <oglobo.globo.com/brasil/brasil-viveu-pacto-oligarquico-de-saque-ao-estado-diz-barroso-22548061>. Acesso em: 15 jan. 2019.
6. Reuters, "Em bate-boca no STF, Barroso chama Gilmar Mendes de 'pessoa horrível' com 'pitadas de psicopatia'", 21 mar. 2018. Disponível em: <br.reuters.com/article/topNews/idBRKBN1GX36F-OBRTP>. Acesso em: 15 jan. 2019.
7. G1, "STF condena Paulo Maluf por lavagem de dinheiro e determina perda do mandato", 23 maio 2017. Disponível em: <g1.globo.com/politica/noticia/supremo-condena-deputado-paulo-maluf-por-lavagem-de-dinheiro.ghtml>. Acesso em: 15 jan. 2019.
8. Consultor Jurídico, "Depois de internação, Toffoli autoriza prisão domiciliar de Paulo Maluf", 28 mar. 2018. Disponível em: <www.conjur.com.br/2018-mar-28/depois-internacao-toffoli-autoriza-prisao-domiciliar-maluf>. Acesso em: 15 jan. 2019.
9. BBC Brasil, "Alvo de disputa no Brasil, prisão após condenação em segunda instância é permitida nos EUA e em países da Europa". Disponível em: <www.bbc.com/portuguese/brasil-43480154>. Acesso em: 15 jan. 2019.
10. Inciso LVII do artigo 5º da Constituição Federal.
11. Segundo levantamento da *Folha de S.Paulo*, o Brasil possui cerca de 59 mil autoridades com foro especial, ocupantes de mais de quarenta cargos nos Três Poderes. Disponível em: <www1.folha.uol.com.br/poder/2018/04/brasil-

-possui-ao-menos-58-mil-autoridades-de-40-cargos-com-foro-especial.shtml>. Acesso em: 15 jan. 2019.

12. *El País*, "STF investigou 500 parlamentares desde 1988, mas condenou apenas 16". Disponível em: <brasil.elpais.com/brasil/2015/08/22/politica/1440198867_786163.html>. Acesso em: 15 jan. 2019.

13. Disponível em: <www.oantagonista.com/brasil/veja-por-que-o-legado-da-copa-deveria-parar-no-delegado/>. Acesso em: 15 jan. 2019.

14. Um levantamento realizado em 2018 pela empresa de segurança digital Avast verificou que 91,8% dos eleitores consultados acreditam na possibilidade de o sistema eletrônico das eleições ser violado. Disponível em: <noticias.uol.com.br/tecnologia/noticias/redacao/2018/08/22/brasileiros-nao-confiam-na-urna-eletronica-e-acham-que-ela-pode-ser-violada.htm>. Acesso em: 15 jan. 2019.

POSFÁCIO: A HISTÓRIA DE UM AVIÃO [pp. 237-40]

1. O depoimento de Palocci pode ser consultado nas seguintes fontes: <politica.estadao.com.br/blogs/fausto-macedo/leia-as-delacoes-de-palocci-que-detonam-lula-em-belo-monte/>; <politica.estadao.com.br/blogs/fausto-macedo/wp-content/uploads/sites/41/2019/01/167_TERMOAUD2-TERMO-5-BELO-MONTE.pdf>; <https://politica.estadao.com.br/blogs/fausto-macedo/wp-content/uploads/sites/41/2019/01/167_TERMOAUD4-termo-lula-belo-monte.pdf>. Acesso em: 24 jan. 2019.

Jorge Pontes nasceu no Rio de Janeiro em 1960. Formou-se em direito, fez pós-graduação na Universidade de Virgínia, nos Estados Unidos, e é formado também pela National Academy do FBI. Trabalhou quase trinta anos como policial federal — primeiro como agente e depois como delegado — em diversos lugares dentro e fora do país, e dedicou a maior parte da sua carreira à criação e implementação de delegacias especializadas no combate aos crimes ambientais. Foi instrutor na Academia Nacional de Polícia e, em 2006, ganhou no Parlamento Britânico o Green Apple Award, pelas operações que realizou na Amazônia brasileira. Foi superintendente regional em Pernambuco, coordenador-geral e membro eleito do comitê executivo da Interpol, e atualmente é diretor de ensino e estatística da Secretaria Nacional de Segurança Pública (Senasp), do Ministério da Justiça. Divide seu tempo entre Rio de Janeiro e Brasília.

Marcio Anselmo nasceu em Cambé, no Paraná, em 1977, e formou-se em direito pela Universidade Estadual de Londrina. Em 2004, ingressou na Polícia Federal como escrivão, na cidade de Guaíra (PR), e, desde então, atuou em várias investigações envolvendo crimes financeiros, corrupção e lavagem de dinheiro. Trabalhou no Caso Banestado e, em Brasília, presidiu as investigações da Operação Faktor, quando concluiu mestrado em direito. Em Curitiba, terminou o doutorado em direito internacional na USP ao tempo em que presidiu as investigações originárias da Operação Lava Jato. Desde abril de 2018, ocupa o cargo de coordenador-geral de repressão à corrupção e lavagem de dinheiro. É professor em cursos de pós-graduação no Brasil e tem diversos livros e artigos publicados sobre crime organizado e lavagem de dinheiro. Mora atualmente em Brasília.

1ª EDIÇÃO [2019] 1 reimpressão

ESTA OBRA FOI COMPOSTA PELA ABREU'S SYSTEM EM INES LIGHT
E IMPRESSA EM OFSETE PELA LIS GRÁFICA SOBRE PAPEL PÓLEN SOFT DA
SUZANO PAPEL E CELULOSE PARA A EDITORA SCHWARCZ EM MAIO DE 2019

A marca FSC® é a garantia de que a madeira utilizada na fabricação do papel deste livro provém de florestas que foram gerenciadas de maneira ambientalmente correta, socialmente justa e economicamente viável, além de outras fontes de origem controlada.